フロイトとユング

小此木啓吾・河合隼雄

講談社学術文庫

対話者まえがき

このたび、河合隼雄さんとの対談、『フロイトとユング』が第三文明社からレグルス文庫として刊行されることを聞いて、いったいいつだったのかと振り返ったら、それは昭和五十三年のことであった。あれから早くも十年以上たっている。まだあの当時は四十後半であった私たちを考えると、あの頃といまでは、ライフサイクルのかなり違った段階にいる自分に気づく。

しかし、だからといって、本書の内容をさっとこの機会に見直してみたが、特に訂正したり、改訂したりしなければならないと思う箇所を見出すことはなかった。本書は本書として、その当時なりによくまとまり、かなり詳しい対話が展開されていると思う。しかも、「フロイトとユング」というタイトルにかなり忠実に河合も小此木も、フロイトとユングそれぞれについて語っている。

しかし、もしいま本書の続編が企画されるなら、おそらくここから先は、河合隼雄・小此木啓吾それぞれがもっと自分らしさを自由に語るという形のものになる度合いが高いに違いない。

河合隼雄は、この十年の間に、たとえば『明恵《みょうえ》　夢を生きる』のような形での厳しい自己実現を行っている。学問的にも思想的にも、ますます河合氏らしい活動や発言は円熟の度を加えているように見受けられる。そしてまた、そのような河合氏と私とのすれ違いもまた、この対談のとき以上にもっとあらわになったと思う。それは、四十代後半から五十代後半、そして還暦へというライフスタイルの変遷の中では、ごく自然の成り行きである。

それだけに、いま思うと、私たちが十年前のあの時点で行ったこの対談は、二人にとってそれ以後の自己発展の母体を自己確認するよき契機となった。

またいつの日か対談による私たち二人による再会の機会が得られれば、と思う。

小此木啓吾

一九八九年七月二十九日

目次

フロイトとユング

第一章　出会い

1　フロイトへの道

河合　私は以前にも、何かに書いたことがあるんですが、フロイトとユングの息子たちが出会ったことがあるんですよ。たしか一九七〇年だったと思いますが、フロイトの息子さんがロンドンに住んでいて、そこへユングの息子さんが訪ねていき、非常に仲良く話し合ったんです。用件というのは、フロイトとユングの往復書簡がずっと未公開のままだったのを公開し、刊行するために、お互いが持っている手紙を交換するということだったわけです。フロイトとユングの息子がそのように仲良く会ったということは、現在の深層心理学者にとっても、象徴的なことだと思うんです。親父たちはともかくとして、息子たちは仲良くやっているじゃないかと。

私なんか、ユングの孫弟子になりますから、孫になるんじゃないかと思うんですが、小此木さんはフロイトの孫弟子に当たりますか。

小此木　日本でいえば古沢平作《こざわへいさく》先生がいらっしゃって、僕がその弟子ですから、まさに孫ジェネレーションですね。

河　合　だから、孫ジェネレーションが二人ここで会ったわけで、これもまた、意味が深いと思うんですが。

小此木　息子さんといっても、もう、七、八十歳でしょうね。娘さんのアンナ・フロイトは八十三歳ですから。

河　合　もう、相当な年になっていますね。ところで、まずどうでしょうか、小此木さんがフロイトの世界に入っていかれた軌跡のようなものからお話し願えませんか。

小此木　やはり物事には、表のプロセスと裏のプロセスとがあると思うんですが、僕の表のプロセスというのは、僕の父親が慶応病院の内科医だったわけで、まさに、その父親に対するエディプス・コンプレックスだったと思うんです。一方で父親を医者として非常に尊敬している面と、一方では父親の弱点を小さいときから見ているという面があったと思うわけです。父は非常に勤勉な、良い内科医なんですが、小さいときにこういう経験がありまして、強く印象に残っているんです。

父は結核の患者さんを非常にたくさん診ているわけですが、当時、患者さんの中に、父に対して、今の言葉でいうと転移《トランスファランス》ですね、とにかくもう五年も十年もずっとかかっている女の患者さんがいるのです。その人が、なにかというと夜中に発作

フロイト（前列左）とユング（前列右）。1909年、クラーク大学

みたいになって電話をかけてきて、そのとき、父がいうんです。僕が行って、顔を見ればよくなる、薬も何もいらないってね。それならお父さんは何をやっているんだろうという感じが、そのとき、僕の心の中に微妙に起こりました。結局は、医者の仕事には患者の精神的な対象になっている面がかなりあるんだなということを、それこそずいぶん小さいころから思ってましたね。

ところが大きくなってゆくにつれて、医学部に入る入らないの葛藤が強くなってきました。父のいうとおり医学部に行こうという気持ちと、文学部へ行って、もっと精神的な学問、たとえば哲学とか社会学とか、そういう勉強をしたいという気持ちがあった。結局は医学部に入ったわけですけれども、まだ学生の二、三年生ごろ、つまり、一九五〇年ごろ、アメリカでいわゆる心身医学、精神身体医学（Psychosomatic Medicine）というものが勃興しました。アレキサンダーの本（*Psychosomatic Medicine*）が一九五〇年に出ていますけれど、そういうものを読んだりしていまして、学生時代に心身医学の研究のグループをつくったりしていました。そこで初めて、小さいときから持っていた父親に対する疑問が、学問的にはっきりしてきたわけです。と同時に、僕にとっては、まだそのころは内科医にならなきゃならないという面と、心身医学的なことをやる医者になりたいという面と、両方あったんです。そして、心身医学の本をいろいろ読んでいるうちに、精神分析が出てきたわけです。

たまたま、そのころ、懸田《かけた》克躬《かつみ》先生（元順天堂大学学長、元順天堂大学理事長）、井村《いむら》恒郎《つねろう》先生（日大医学部名誉教授）、それに三浦《みうら》岱栄《たいえい》先生（慶大医学部名誉教授）らが中心になって、現在の「日本精神分析学会」の前身に当たる「精神分析研究会」というのをつくって、毎回、慶応医学部の会議室を使って勉強会をやっていたのです。実は、その背後に古沢平作先生がいらっしゃったわけです。ご自分では出席なされなかったんですが。

まだ学生だった僕は精神分析に興味があったから、偶然というか、その会に毎月出るようになった。そしたらそこで、土居健郎《どいたけお》先生がメニンガー病院への第一回の留学を終えて帰ってきて、帰朝報告をなさったんです。聞いていると、土居先生もやはり最初、心身医学の勉強をしようとして、僕とよく似たコースをたどったんです。とにかく、アメリカでは精神分析が勃興し、学問として非常に重要だという話が出て、心身医学をやるには精神分析をやらないとダメだし、精神医学をやらないと精神分析ができない、さらに、精神分析を勉強するには教育分析を受けなければならないというような話が出ました。それが、僕が医学部の学生で、三年生くらいのときだったでしょうか。

古沢平作（中央）

そんなことがあって、四年生くらいのときかな、古沢先生のところへのこのこ出かけていったんです。そしたら、古沢先生が、日本には教育分析の制度はまだないし、たとえあっても、あなたはまだ学生だからダメだとおっしゃるわけです。まず精神科をちゃんとやって、本当にやる気になったら来なさいと。結局は、教育分析ということでなく、普通の個人分析ならよいということで、これを受けて、インターンを終わって、精神科医になり、やがて精神分析医になったわけです。

これが表のコースで、裏のコースをいいますとね、終戦のとき、僕は中学の四年生で、一種の哲学少年だったんですね。終戦によって、思想的混迷状態に陥り、それで西田哲学を読みふけり、カント、ヘーゲルとかやたらに読みあさって、今、ちょうど表のコースで述べたように、大学の医学部に入るころまでは、哲学書、文学書をたくさん読んでいました。ところがある日、加藤なんとかいう人の『哲学者気質』という本を読んだんです。

河合　ああ、ありましたね、知ってます。カントの逸話なんかもたくさん書いてあって、面白い本でした。

小此木　その本を読んで、非常なショックを受けたんです。自分が尊敬している哲学者たちがみんな、今の言葉でいうと、かなり神経症的《ニューロチック》なんですね。ショーペンハウエルがメランコリーになっていたとか、カントは一種の強迫神経症だった、そういう見方をしている本なんです。それを読んだとき、これは僕にぴったりだという感じを持ったわけです。そこで僕は非常に動揺したんですね。つまり、自分がいろいろと観念的に考えていることと、自分自身のいろいろな日常生活、感情生活とが非常に関係があるんだということに気がついたのです。一方、そのころ、古沢平作先生が監修されたカール・メニンガーの『人間の心』という本が出版されて、それを読んで、まさに僕自身もニューロチックなんだということに、気がつきだしたわけです。

そんなことがあって、一種の自己分析を始めました。この流れと表の流れとが結びついて、さっき述べたように、古沢先生のところへ行ったのですが、古沢先生がこうおっしゃるんです。あなたが一人の患者として治療を受けたいというなら、それは診てあげましょう。あなたのノイローゼ的なところを話してごらんなさい、と。ところが、僕はそうたいして表立った神経症症状があったわけではないけれども、かなり強迫的なところがあったし、夜、ときどき眠れないことなんかもあったので、そんなことを話しますと、それだったら、あなたは患者として治療を受けなさいということで、先生との間に一種の治療契約ができました。それで、二度目の面接のとき、僕は非常に劇的な体験をしているんです。

そのとき、僕はこんな話をしたんです。僕の両親は仏教信者なんですが、父は養子で、母は家付き娘でして、自分の父親との結びつきの非常に強い人です。ところが、家付きの財産が空襲で全部焼けてしまいました。しかも終戦の年の九月に、われわれが尊敬していた祖父、つまり母の父親が、胃ガンで亡くなったんです。そんなことで、今まであった〝家《いえ》〟が崩壊して、両親の力関係が非常に変わった。そして、その前後、一時的に両親の夫婦仲が急に悪くなったわけです。ところが、僕の両親が立ち直ったのは、面白いことに、二人で日蓮上人《にちれんしょうにん》に対する信仰を持ってからなんです。僕もある時期、そういう両親に同一化して、一生懸命そういうものを勉強したというか身につけようとしたんですが、僕には、やっぱりそれが自分のものじゃないから、それに対する批判があったんです。

そんな話をお会いして二回目に古沢先生にしたんです。そうしたら先生がこういうことをおっしゃった。あなたの基本的な性格を見ていると、非常に女性的だ。ところが日蓮上人というのは日本の仏教の中では、どちらかというと男性的なものを持っている。あなたのお父さんは養子だったので、一生懸命男になろうとして、日蓮様に同一化することで頑張っている。しかし、あなたが今、いきなり日蓮上人のような生き方を模範にしようとしても、それは無理だ。あなたは本来女性的なんだから、もっと女性的なものを受け入れなさい、と。それが、僕が古沢先生から受けた、一番最初の解釈です。

河　合　ほう、そうですか。二回目でしょう。たいしたもんですね。

小此木　それが僕の人生の第二の出発だったでしょうか。ある意味では、強迫的な傾向全部を指摘されたようなものですよね。それが阿闍世《あじゃせ》コンプレックスへと続くわけなんです。

河　合　なるほど。

小此木　まあそんなことで、個人分析を始めて、結局は教育分析みたいなことになってしまったわけなんです。表と裏の関係はそんなところですね。

河　合　しかし、初めから非常に日本的な要素が入っていますね。古沢先生に分析を受けられたから。

小此木　古沢先生はもともと真宗《しんしゅう》の信者なんです。僕の両親の日蓮上人の先生というのは山《やま》川智応《かわちおう》という文学博士の先生で、いわゆるお坊さんではなく、日蓮上人を宗教哲学的に研究しておられた方なんですが、その先生が田中智学《たなかちがく》という人なんです。ところがこれはあとでわかったことなんだけれども、実は、古沢先生は真宗に入る前にその田中智学先生のところへいらっしゃったことがあったんですね、一人の求道者として。

河　合　へえ、すごいですね。

小此木　ちょうどそのころ、宮沢賢治《みやざわけんじ》もそこに出入りしていたらしいですね。ところが古沢先生は、自分にはどうしてもぴったりこなくて、真宗のほうへ向かわれたんです。ですから、古沢先生は僕の話を聞いてびっくりして、僕に対する古沢先生のアイデンティフィケーション、同一視みたいなものが起こったんでしょうね。

2 ユングへの道

河合 私は、日本人からではなく、外国人を通じてこの世界に入りましたから、少し小此木さんの場合とは感じが違いますね。しかし、私がユングについたのは、別にユングが好きだとか、ユングのことを知っていたからというのではないんです。私は、小此木さんもご存じと思いますが、初めはもっぱらロールシャッハ・テストをやっていました。それもちょっと話しておきますと、われわれ心理学をやっているものが臨床心理をやるということ自体が、非常に新しくて、また、危険なことだったんですが、私は心理療法はやりたいんだけれども、人間の心のことがわからないのに心理療法をやるということに、非常に抵抗があったんです。そんなことから、どうしてもカウンセリングができなくて、まず人間を知るという意味で、ロールシャッハをやっていたんです。

そのときクロッパーの本を読んだもんですから、フルブライトの試験を受けて、クロッパーのところへ行ったわけです。ところが、このクロッパーがユング派の分析家だったんですね。クロッパーがユング派らしいということは行く前に知りましてね、少し本を読もうと思って、例の日本教文社のユング選集が出ていましたから読んだだんですが、全然わからないんです、難しくて。ですから、ユングなんかわからないし、合わないだろうと思って行ったのですが、クロッパーのいっていることを聞いて興味がわいてきたのです。

それで、やはりユングのことを知りたいというんで、クロッパーに一番初めにすすめてもらって読んだのが、フリーダ・フォーダムという人の『ユング心理学入門』です。ところが読んでいると、サイコセラピストになるためには、教育分析を受けなければいけないと書いてあるんです。そんなことを私は知らなかったわけです。それで、教育分析を受けたいと思ったんですが、そのころ、うっかり受けると全部ばれるんじゃないか、ばれてしまうとダメじゃないかという、非常に素朴な恐れもあったんです。それが面白いんですが、分析を受けたいとはいえなくて、クロッパーの助手に、自分も分析を受けられるだろうかと聞いたんです。ところがその人がそのことをクロッパーにいうと、クロッパーが、私が教育分析を受けられるように、全部アレンジしてしまったんですね。クロッパーから電話がかかってきまして、お前は分析を受けたいらしいけれどもいいだろう、分析家もアレンジしてあるというんです。

クロッパーの弟子のシュピーゲルマンという人に受けることになって、はじめはおそるおそる行ったんですけれども、一回会ってみるとそれほど恐ろしくないんです。それで、おそらく十回も会っていないときに、シュピーゲルマンが、お前はスイスのユング研究所で資格を取れといい出したんです。私が、ほんのちょっとしか会っていないのに、どうしてそこまでいえるかというと、いや、お前の夢をもうたくさん聞いたからよくわかるといわれて、すごく印象的だったんですけれども、あのクロッパーにしろシュピーゲルマンにしろ、私の考えより先に全部アレンジしてくれたということがありますね。結局、二人の推薦でスイスのユング研究所に行くことになるのです。私の場合は、だからユング心理学というのは、はじめは全部英語で入っているんです。考え方の筋道っていうのが、英語で入っている。ですから、初めのうちは、それを日本語にするのに苦労したわけです。

小此木　ユング研究所ではどなたに？

河　合　マイヤーというユングの弟子の中でも有名な人と、もう一人は、女性のフレイという人に分析を受けました。ユング研究所でも英語のコースとドイツ語のコースがあって、私はほとんど英語でやっていました。

小此木　ずいぶん長いこと外国にいらっしゃったんですね。

河　合　そうですね、アメリカに一年半、スイスに三年ですから、全部で四年半になりますか。それでも、資格を取る期間としては、すごく短いですね。これはユング派だったからできたんじゃないかという気がしますが、どう思われますか。

私から見ますと、フロイト派というのは非常にガッチリした体系があって、そういうものをその人が本当にものにしないと資格をもらえないし、それを下からずっと積み上げていくということは大変なことでしょう、日本人にとっては。ユング派の場合には、われわれ日本人の考え方を、わりあい尊重するところがあるんですね。そういう許容的な考え方があったから、短い期間で私は資格を取れたんじゃないかと思うんです。いかがですか。

小此木　僕の知っている範囲では、国際的な基準にあった精神分析教育を全《まっと》うしている人は、日本でまだ一人もいないといっていいでしょう。ニューヨークで開業しておられる竹友安彦《たけともやすひこ》先生は一種のネオ・フロイディアンですから、竹友先生を除くと、今、一人もいませんね。たとえば土居先生でも教育分析の期間は一年くらいですし、それから後、最近の人でも、せいぜい三年から四年くらいの方が多いですね。みんなそれくらいで日本に戻ってくるから、本当にコースを全うして資格を取ったという方は、まだ日本にはおりませんね。

河　合　そういうふうに本当にフロイト派のコースを全うして資格を取るところまで行くと、もう日本には帰れなくなるんじゃないかと私は思うんですけれどもね。しかし、ユング研究所の中でも、まだすごく議論がありましてね。日本人が本当にユング心理学を理解できるかどうかということが、いまだにもめています。私もわからないと思いますけれども、その本当にというのをどこまで本当にとるのかという問題ですね。

小此木　その点、古沢先生でも阿闍世コンプレックスが出てくるわけですから。

古沢先生ご自身、ウィーンに留学して教育分析を受けられた期間というのが一年くらいなものですから、先生がどれくらいフロイトを読めていたか、あるいは理解しておられたかという問題もあるわけです。

そこで先ほどの話に戻るのですが、ちょっと違うのは、河合さんの場合には、いちおう発達年齢からいうと、大学を出て社会人になって、留学してと、かなりソーシャルなレベルでのコースとして勉強してこられたわけですね。

河　合　そうです。

小此木　私の場合は、まだソーシャルな自分のアイデンティティが決まる前に個人分析を受けたという点で、かなり違いますね。最後まで、精神分析を職業にするかどうか決めないでいたということで、古沢先生ご自身は終始、そこは最後はあなたの問題だという形でおっしゃっていました。ところが、実際には精神科医になってしまうと、もう自分の意志とは無関係に、慶応の中でそういうふうに周《まわ》りから規定されてしまって、それがいまだに続いているのが、僕の内面で、ずっと特殊な問題になっているようですね。完全に大人になって選んだんじゃなくて……。

河　合　もっと早くにね。

小此木　周りから決められちゃって社会に出たという点に、ちょっと問題になるところがあ

河　合　るんじゃないかと思うんです。

河　合　なるほど。

3　出会いの契機

小此木　河合さんとユングの出会いの契機みたいなものを若いころに探すと、何かあるんではないでしょうか。

河　合　さあ、それはどうでしょうか。まあ、入ってしまってからは、だんだん、自分に合っているからやめずにやってきたということはありますがね。ただ、京大生のとき、兄と一緒に下宿していたんですが、私は数学が専攻で兄は動物学専攻だったのです。それで兄は生態学をやり出したから、だんだん心理学のほうに関心を持ちだして、心理学の本なんか読み出したんです。もともと人間に関心があったから、われわれはそういう話ばかりするんですよ。そうすると私も兄の読んだ本を読むことになって、精神分析に興味を持ったことについては、兄の影響がかなりあったかもしれませんね。

小此木　小さいころから人間には興味が？

河　合　それはもうありました。それと私には兄弟が六人いたんですが、六人とも皆、個性が強くて、おのおの違うでしょう。六人が集まると、性格を比較して、お前はこうて、そこからいろいろと選んだわけじゃないんですからね。

小此木　これが外国だったら、それこそ選択の自由があるんだけど、僕や河合さんのような日本人の場合には、どこと縁を持つかということはかなり偶然でしょうが、それが大きいですね。僕とフロイトとの出会いといっても、僕の場合にはいきなりフロイトと出会ったわけではなくて、まずはじめに古沢先生との出会いがあるんですよね。実をいうと、フロイトとの出会いの話をすると、もっと先が長いんです。僕にとっての精神分析というのは、最初は古沢先生ですね。そしてその次に、臨床家になってから、今度は古沢先生に対してエディプスになるんです。古沢先生は昭和七年にフロイトに会って、僕が古沢先生のところへ行ったのは昭和三十年前後ですから、その間、二十何年かはまったく一人で勉強し、研究してこられたわけです。ですから古沢先生のフロイトに対するアイデンティフィケーション（同一化）は非常に強いわけです。それで、ちょうど僕が古沢先生を古沢先生と呼ぶように、先生はフロイトをフロイト先生と呼んでいたのです。僕にはフロイトをフロイト先生と呼ぶ感じは全然なかった。だから、はじめ、どうしても僕はフロイトに直接傾倒したり、私淑《ししゅく》したりはできなかったんですね、古沢先生の前にいると。それでどういう勉強を始めたかというと、フロイト以後の勉強のほうへ先に行ってしまったわけです。

河合　なるほど、なるほど。

小此木　その当時、僕が特に勉強したのはライヒです。もちろん、それは後半期のライヒではなくて、キャラクター・アナリシス、性格分析時代まで、つまり精神分析医としてのライヒで、それから、ライヒから、ハルトマン、エリクソン、フェダーンといったエゴ・サイコロジー（自我心理学）[1]の勉強をしたのです。それで、本当にフロイトと出会うようになったのには、二つのきっかけがあるんです。

一つは次のようなことなんですが、そのころ、日本教文社のフロイト選集が半分くらい出ていました。その第二期の企画として、症例とか精神分析技法論、今、『精神分析療法』と『症例の研究』というタイトルで刊行されている二巻を古沢先生が訳されることになっていました。ところが、まだ着手される前に古沢先生が脳軟化症《のうなんかしょう》で倒れてしまったんです。結局、古沢先生の担当していた翻訳を全部、僕が担当することになったんです。それは当時、古沢先生訳という形で刊行になったのですが、そんなわけでフロイトの技法論を、直接全部、一人で読まなければならない事態が起こったわけですよね。しかし、そこで、都合のよいことにというか、エディプス・コンプレックスが満足されてしまったわけなのです。古沢先生が倒れられてしまったわけですから。そこで初めて、僕とフロイトの直接の出会いが成立したわけですね。だから、そこにはかなり激しいものがあって、古沢先生が倒れなかったら、そうはならなかったというような問題があるんです。

そのころの僕と古沢先生の学問的な関係には、かなり厳しいものがありました。というのは、今述べたことがフロイトとの出会いの第一のきっかけで、外的な事実といたしますと、内的には別なことが起こっていたのです。そのころ僕は、学問的には土居先生と同盟軍を形成している時代でした。土居先生がアメリカに行かれて自我心理学を勉強してきて、僕が日本にいて自我心理学を勉強していた。結果的には二人が非常に共通した立場から古沢先生の日本化した精神分析を批判するという努力をしたことになります。

古沢先生ご自身は、ご自身のことをフロイディアンとおっしゃるけれども、実際にはフロイトを日本的に解釈していて、本当の西欧的なフロイディアンとしての感覚として、フロイト自身が書いていることとはかなり違うということを問題にしたのです。そこから、一つは土居先生の「甘え」理論が出てきたわけで、僕のほうは、日本における古沢先生の治療方法とか治療関係というものを、本来のフロイトの技法論と比較するという問題に突き当たったんです。その点で、かなり厳しく古沢先生を批判した記憶があるんですが、これはまさにエディプスですね。しかし、そのうえで本当に偉いなあと思ったんですが、古沢先生は非常に真剣に私の批判を受け止めてくださって、晩年、もう一度エブリデイ・アナリシス（毎日分析）を何人かの患者さんにやりました。そして晩年のフロイトの技法論の論文を忠実にもう一回、自分なりに追試なさったりしていたんですよ。

河　合　ほう、たいしたもんですね。

小此木　古沢先生は、そのようなわれわれとの関係でかなり心労もひどく、精神的ストレスも強くなって、それで倒れられたと思うんです。そこのところで、僕とフロイトとの出会いがあったわけです。

河　合　そうですね。

小此木　そのパターンは、最近思うんですけれども、僕と、最近向こうへ行って帰ってこられた人々との関係の中で再現されて繰り返される型なんです。つまり、最初は非常に西欧的なものを勉強しても、日本でやっているうちに日本化してしまうでしょう。そこでまた次の世代の若い人が外国へ行って、西欧に同一化して帰ってきた目で見ると、それが批判の対象となる。

河　合　そう、それ。

小此木　それを繰り返しやっていかないと、日本の精神分析は発展がないんじゃないかというか、そういう問題が一つあるんじゃないかと思うんです。で、僕はあのころの古沢先生との経験が、今、若い人が帰ってきて彼らを受け入れるときに、ひそかな支えになっています。

河　合　ユング派のほうは遅れて出発したものですから、今また第二期の人たちがユング研究所のほうへ行っているわけですが、帰ってきたころに、同じようなことをやるでしょう。楽しみにしておかないと……（笑）。そのやり方がユング派とフロイト派で違うと面白いのですが。

小此木　僕や土居先生と古沢先生の場合は、日本の社会では珍しいくらい、師弟の間でかなりはっきりエディプス的な対立を打ち出したほうじゃないかと思うんです。それ以後で見てみると、これはユンギアンでも、フロイディアンでも、もしかすると、もっと日本的な関係によって、それがあまり鮮明にならないで包摂されてしまうという可能性があるような気がしますね。

河　合　そうですね。

注

(1)自我心理学　すべての心的現象や心的機能を、自我との関係において記述し理解しようとする心理学をいう。この中には二つの流れがあって、一つは自己観察ないし内省によってとらえられる自我を心理学の基本的事実とみなす、いわゆる意識的自我心理学の立場であるが、これに対してフロイトは、一九二〇年代から人格の中枢機関としての「自我」を概念づけ、精神分析的自我心理学を発展させたのである。

第二章　人間フロイト、人間ユング

1　フロイトと同性愛

小此木　フロイトという人は、同性愛的傾向があったとでもいうんでしょうか、男性の惚《ほ》れ込み相手をいつもつくっていました。最初はブリュッケやシャルコー、ブロイアーといった先輩、目上の人に非常に傾倒し、次に喧嘩をして別れる、というパターンを歩むわけですね。親友フリースともそうですが、フリース以後は、今度は自分の弟子とこのパターンを繰り返すんです。その最初がユングだったわけでしょう。ユングとダメになると、フェレンツィです。ユングのほうでも初期においては、フロイトに傾倒した時期というのがあったのでしょうか。

河合　それはやはり、すごいものがあったんじゃないでしょうか。フロイトのほうが十九歳上でしょう。二人が出会ったのはユングが三十代のころですが、これはもう親子の年齢です。フロイトはユングを冗談半分に皇太子とかいっていますね。しかし、それ

フロイトと妻マルタ。1885年

以後になると、ユングの場合はむしろ女性との関係でしょうね、問題になってくるのは。

小此木　フロイトの場合はやはり同性愛ですね、男同士の。奥さんのマルタとは恋人時代の三年間に九百通もの書簡を送るほど激しい恋愛をしたのですが、どうもマルタ以外にはそういう女性はなさそうだし、女性に対してはかなり堅くて、不器用だったようですね。婚約時代には大変やきもち焼きで独占欲が強く、あんな恋愛の仕方をされたんでは、女性のほうも大変だったでしょう。それで、結婚してからは奥さんとはあまりエピソードもないんです。

ただ、二人の間にはかなり深刻な問題があったと思うんです。これは後でユダヤ人問題のことにつながってくるんですが、フロイトはユダヤ人の中では革新・進歩派なんです。ユダヤ人的なものを抜け出す方向でしょう。ところが奥さんのマルタの家はおじいさんがラビだった家柄で、律法主義的でユダヤ教的なものの支配の強い家庭なんです。だから、安息日には手紙を書かないとか、断食をするとか、戒律の束縛も多かった。ところが婚約中に、フロイトはマルタに対する律法主義的な拘束をこわして、自由な自分のほうへ引き入れようとしたんですね。だから結婚してからも、そういう生活観の違いが、潜在的にあったんじゃないかと思いますね。面白いことに、マルタの妹のミンナのほうがマルタより自由で、自分と話も合うし、自分の学問もよく理解してくれると、フロイトは考えていたようですね。

河合　そのミンナというのは、結局、フロイトの秘書のようなことをしていたわけですね。

小此木　当時、ユダヤ人の家族主義の中に、結婚しない女の子が親の世話をし、最後には他の兄弟たちがその娘の世話をするというしきたりがあったようですが、ミンナはそういう女の人だったんですね。それが一つと、もう一つはミンナもはじめから結婚しないはずではなかったのだけれど、フロイトの友人でもあったミンナの恋人が死んだのです。そんな二つの事情から、ミンナは終生フロイトの家にいたんですね。論文のタイプを打ったり、奇妙なのは、僕の知っているだけでも一、二度、二人で旅行に行っていますね、イタリアへ。

河合　フロイトとユングが、有名なあの夢の相互分析をアメリカに行ったときに一緒にやっていて、フロイトが見た夢に対してユングが連想を聞いたとき、自分の権威をこわしたくないといって、フロイトがそれを拒むことがありますね。そのときの夢の内容がミンナに関係することではないかといわれていますが、どうなんでしょうか。

小此木　とにかく、ユングがミンナのことを表に出したとき、フロイトの答えは、自分とミンナの間には何もないといった、常識的なものでした。もっと心理的にどういう問題があるかということについて、フロイトはあまり答えたがらなかった、というようなことを聞いていますけど。

2 ユングとトニー・ウォルフ

河合　ユングの場合、これは伝記なんかにも書かれていますが、トニー・ウォルフという愛人がいました。非常に面白いのは、トニー・ウォルフに対する愛情と奥さんに対する愛情を、すごい葛藤の後で共存させていったということでしょうね。

トニー・ウォルフはスイスの大金持ちの実業家のお嬢さんなんです。父親っ子で、父親が死んだとき、デプレッション（うつ病）になってユングのところへ連れてこられます。それは短期間で治ってしまいますが、ユングがその才能に惚れ込んだのですね。ところが、トニー・ウォルフが訓練を受けて分析家になりたいというんです。ユングは、ウォルフのせっかくの文才が生かされないからと拒否するんですが、それから数年後、ユングがフロイトと別れてから、ものすごい内面的な体験、いわば分裂病に近い体験をしますね。そのときの助けとして、トニー・ウォルフが必要となってくるんです。

小此木　一種のセラピストのようにですか。

河　合　完全にそうです。

トニー・ウォルフ（前列向かって右端）。フロイト（2列め左端）、ユング（同じく左から2人め）の姿も見える。1911年、ニュルンベルクでの国際精神分析会議

小此木　ちょうどフロイトにとってのフリースみたいなものですね。フロイトの相手が男性で、ユングが女性でしょう。特徴的ですね。ユングは母親に救われるような感じだったのでしょうか。

河　合　ところが、ユングの奥さんがいわゆる母親の役目なんですね。トニー・ウォルフはいわゆるアニマ的な役目ですね。彼女の友だちがいろいろ書いていますが、トニー・ウォルフは、本当にアニマ・タ

イプの女性で、いわゆるお母さんとか、そういう要素が非常に少ないんです。ところで、母性とアニマ性を両立させるのは大変な話でしょう。ユングには内面的なすさまじい体験と同時に、外的にも家族も引き込んだすごい闘いがあったんでしょうね。結局、むしろユングの家族がいいだして、みんなで話し合いをして、トニー・ウォルフとも共存していく関係を見いだすんです。ところが、女性の弟子というのは、トニー・ウォルフだけじゃないでしょう。今はもう笑い話ですが、ユングの周りの女性は、髪の毛をつかんで大ゲンカをしたなんていわれていますから、すさまじかったんじゃないでしょうか。

小此木　やはり、女性の弟子が多かったですか。

河　合　多いです。ユングの心理学が女性性を強調しますからね。だから女性にとっては非常に入りやすかったといっていいんじゃないですか。

小此木　クライニアン（メラニイ・クライン学派）にものすごく女性が多いですね。ロンドンへ行くと女性、特に偉いおばあさんたちの集団という感じですよね。

河　合　インナー・オブジェクト（内的対象）との関係を把握するのは女性のほうがうまいんじゃないでしょうか。

小此木　そういう意味では、精神分析とか深層心理学自体が、全体的にいえば女性的な学問といえますね。ところで、トニー・ウォルフのことでは、奥さんが非常に忍耐したということになるんでしょうか、常識的にいうと。

河合　そのあたりは簡単にはわかりにくい。ユング夫人は、自分がユングに対してできなかったことをトニー・ウォルフはしてくれたから非常に感謝しているとか、ユングはトニー・ウォルフにいろいろ与えたかもしれないが、自分から取って与えたことはなかったし、自分はますます多くを得た、と語ったことなどが伝記には記されていますが、そこまで行くのは非常に大変だったのではないでしょうか。ユングのよくいう言葉に「嫉妬の中核には愛の欠如がある」というのがあるんですが、すごく面白い考え方ですよね。

小此木　そのあたりはしかし、嫉妬は一つの権利の主張であるとする西洋人の考え方と違いますね。

河合　違います。嫉妬は正当な権利の主張であると思えるけれど、もっと分析していくと、中核には愛の欠如があるというんですが、そこまで行くにはすさまじい体験が必要じゃないかと思いますけれども。

小此木　フロイトの場合は、その嫉妬の問題は男同士ですね。アドラーが離れたのも、結局はユングを可愛いがりすぎたということだし、フロイトをめぐる弟子たちの嫉妬、抗争はすごいものがあったようです。

河合　結局、精神分析のような仕事をするということは、普通は抑えている部分を全部出すわけでしょう。出しきってお互いに生きようとするんだから、集団の中のすさまじいことが起こって当然だと思いますね。

小此木　家族と同じような状況が出てくるわけですね。

河合　日本なんかで嫁と姑《しゅうとめ》なんかが盛んにやってきた闘いを、外国は家族でやらないわけですが、ところが分析家の中ではやっている、そういう感じがするんです。分析を始めると、われわれ東洋人の持っている家族感情が出てくるというわけです。だから彼らは、キンシップ・リビドーということを強調しますよね。そういうリビドーが人間にはあるんだということ、これは彼らにとってすごい発見だったんじゃないかと思うんです。そういうリビドーを動かさずに、家族をつくりあげてきたわけでしょう。ところがなんのことはない、分析家が集まると、日本的家族集団みたいになってきて、大家族みたいなものになったんでしょうからね。

3　フロイトとザロメ

小此木　これは僕の想像も入っているんですが、どうもアンナ・フロイトとフロイト、それにさっき出てきたミンナですね、それに対して息子たちと奥さん、そういう家族関係がまさにエディプス的に動いていたんじゃないかと思うんです。こんなエピソードがあるんです。若いころは犬なんかにあまり関心も示さなかったフロイトが、初老になってから非常に犬を可愛いがりだすんですね。これなんか、息子たちに対する失意があったためではないかというんです。フロイトの跡を継いだ息子は、結局は一人もいないわけですから。また、あるとき、こともあろうに息子の一人がフロイトの女の患者さんを誘惑しようとしたことがあった。そのことを、分析中にその患者さん自身から聞いて、フロイトは非常にショックを受けたんですね。

そんなことが失意を与えるきっかけになっているんではないかという話が、ローゼンの『ブラザー・アニマル』なんかに出てくるんですが、どうも見ていると、フロイトの精神分析を通しての人間理解とか学問的なものが、息子たち、奥さんを中心とした家庭の中で、あまり受け入れられていない。さっきお話ししました、ユダヤ的な伝統につながってくるものが家の中に流れていたのではないかと、ちょっと僕の推測も入るんですが、そんな感じがするんです。

それから、それだけではなくて、アンナ・フロイトが十七、八歳のころ、彼女の養育、教育相談をルー・アンドレアス・ザロメに任せたいと、彼女に頼んでいるんですね。

河合　ザロメはフロイトの弟子でしょう。リルケとか、ニーチェとの関係の後のことですか。

ルー・アンドレアス・ザロメ

小此木　ザロメはニーチェと七ヵ月同棲して、その次にリルケと愛人関係になったんですね。彼女はリルケを連れてウィーンに来るんですが、ザロメはその前からフロイトの弟子になっていて、フロイトの家にリルケを連れていったり、分析を受けさせようとするんです。分析のほうは、分析を受けてリルケの芸術的な才能が変わらないほうがいいというので、やめるんです。

河合　それは、フロイトがいうんですか。

小此木　ザロメが書いているんです。リルケとザロメの間だけで、この話は終わったみたいですね。

河合　ついでですけれども、ユングの場合、すごい人が来た場合、自分で分析することは断ったそうですね。一番よい例はヘッセです。ヘルマン・ヘッセがすごいノイローゼになったわけですが、ユングは、ヘッセのような人は自分が介入すると、その創作的なものを歪ますおそれがある、だからまあ、ヘッセの歩いていく道の介添役みたいな人のほうがいいというわけですね。それで弟子のラングという人を紹介するんですが、芸術家を分析するときは慎重でなければいけないと、よくいっていたそうです。たとえば画家を分析するときに、絶対に創作中の作品については分析中に話し合いをするな、ヘタに言語化してしまうと描けなくなってしまう、そういうことをいっていたそうですね。ですから、今のリルケの話は面白いですね。

小此木　ザロメに対してフロイトは、今のアンナ・フロイトの例からもわかるように、むしろフロイトのほうが彼女に依存するようになっていて、いろいろなことを相談したり、精神的な支えになってもらったりする間柄だったようですね。ザロメは五十代だったと思いますが、ロシア貴族の娘なんです。彼女がロシア革命で財産をなくしたときなんか、フロイトは金銭的援助までもしています。これが一番表に出ているフロイトの女性関係でしょうかね。

もともと彼女はルー・アンドレアスというスイスの歴史学の教授と結婚したんですが、おかしなことに、二人は一切、性的関係を持たないということを契約して結婚するんです。その一方で、好きになった男性とは自由にどんどん寝たらしい。ニーチェとかリルケとは有名ですが、彼女にはそのほかに何人もいるんですよ。六十何歳まで愛人がいたんですから。

河合　タウスクとは関係ないんですか。

ヴィクトー・タウスク

小此木　タウスクは女性関係でしばしば問題を起こす人だったらしいが、それでいて大変、天才的な人物ですね。アイデンティティだとか自我境界《エゴ・バウンダリー》などの概念は、もとはみんなタウスクです。フェダーンも自我境界の理論で有名ですが、タウスクと大変、仲が良かったんです。ところが、タウスクがフェダーンの奥さんと仲良くしすぎてしまって、フェダーンは怒ってしまった。それ以後、フェダーンはタウスクから影響を受けたことを論文に決して書かなかったため、タウスクはそこで学会から遮断されてしまったわけです。

フェダーンは晩年のフロイトの番頭みたいな人で、ウィーン精神分析クリニックとか学会でのフロイトの代理人みたいな立場だったんです。そのフェダーンに抑えられちゃったうえに、今度はタウスクはザロメと恋愛関係になるんです。心理的には非常に複雑で、フロイト（五十七歳）、ザロメ（五十一歳）、タウスク（三十三歳）の三角関係になってしまうわけです。結局、タウスクはピストル自殺をしてしまうんですが、どういうわけか、自分で去勢して死んだというような伝説が残るほど、すごい死に方だったんです。このことでもザロメについてフロイトは、端《はた》から見てもわかるような感情の動きがあるというか、かなり嫉妬していたんでしょうね。

実は、タウスクは、ザロメとのことのあとにも、フロイトにやきもちを焼かせています。フロイトが大変可愛がっていた女性の弟子でヘレーネ・ドイッチェがいました。このドイッチェがはじめタウスクの教育分析をやったのですが、スーパー・ビジョン（心理療法技術向上の基本となる教育）をしていたフロイトは、ドイッチェがタウスクにあんまり好意的なので、あなたは逆転移を起こしすぎている、といって、タウスクの分析の中止を命じてしまうのです。それは明らかにフロイトのやきもちのためだったというのです。いずれにせよ、ザロメは、フロイトはリルケやニーチェに比べて性的に未熟だったと述べています。ザロメの側から性関係に誘うようなこともあったらしいが、フロイトはそれを受け入れられなかったようです。これは逆にいえば、フロイトがそれだけ禁欲的だったということでしょうかね……。

河合　ユングの場合、今でこそ倫理観も変わってきていますからオープンに話していますが、当時のヨーロッパでは大変なことだったらしいですね。結局、トニー・ウォルフは分析家になって、ユング研究所ができる前のサイコロジカル・クラブの会長になるんです。自分で本を書いていますが、友だちの書いているものを見ますと、他人のことはすごくよくわかって分析するんですが、自分のことはあまりわからないという面白い女性だったようですね。このトニー・ウォルフの父親というのが子供のころにずいぶん長い間、日本にいたんです。日本語はもちろん得意で、風貌も日本人に似ていたといいます。実業家だったんですが、そんな父親に育てられたんだから、トニー・ウォルフは日本的なものをどこかに持っていたはずです。そのあたりのつながりがもっとわかってくると面白いでしょうね。

小此木　フロイトの奥さんには、フロイトと結婚する前、ボーイフレンドがいた。その彼が音楽家マックスなんですが、フロイトは、自分は科学者で、女のことでは芸術家にはかなわない、といっています。「自分は女の人を前にすると、鍵の開け方のわからない箱の前に立っているような気がして、どうしていいかわからない、ところが芸術家は女の人を非常にうまく扱う。だから芸術家は非常に曲者《くせもの》だ」なんていっているんですね。こんなところは、ユングとフロイトのかなり違うところですね。

河　合　女性との関係は面白いですね。ユングはトニー・ウォルフ以外にもいろいろな女性が周りにいますし。

4　両　親

小此木　フロイトのお母さんは九十五歳まで長生きして、フロイトが七十五歳のときに亡くなるんですが、最後までフロイトのことをマイン・ゴルデネ・ジギ（Mein Goldner Sigi）、日本語でいうとジギ坊ですか、そう呼んでいたんですね。ですから、母親との関係というのは、もう絶対的で、フロイトの場合、母親に対する（愛と憎しみの）アンビヴァレントな気持ち、つまり母への憎しみというのは自覚できなかったんですね。

それから、フロイトの場合、患者さんだった女性との個人的な関係ということに大変うるさかった。初めのころは、ユダヤ人の家族的なつきあいをしている患者さんが多かったみたいですが。有名な「イルマの注射の夢」[1]のイルマ（アンナ・ハンマーシュラーク）というのはフロイトと家庭的なつきあいをしていた人だし、ブロイアーの患者さんだったO・アンナ（ベルタ・パッペンハイム）は奥さんの友だちなんですよね。ところが、後半期においては、距離を置くということを

フロイト（16歳）と母アマーリア・ナータンゾーン

非常に重視していますね。たとえばライヒが除名されたのも、ライヒが患者さんと性的に自由につきあってよいみたいなことを主張したことが一因といわれています。たしかにライヒは、それ以後、三回か四回、結婚、離婚を繰り返しています。フロイトがこういう態度をとったのも、精神分析運動をヨーロッパ社会に受け入れさせるために神経質になっていたためか、フロイト自身の個人的な倫理観に基づくものなのかはもう一つはっきりしませんけれど、おそらく両面があったのでしょう。

河合　ユダヤ人の家族の結びつきは普通のヨーロッパ人とは違いますから、初めにいろいろ失敗を繰り返して、それから距離を置くということが出てくるんでしょうね。ユングもはじめのころは分裂病者（統合失調症患者）を相手にしていましたから、まさに寝食を共にしてやっていますよね。そういうことをやって、何度も痛い思いをしながら、距離を置くということが出てくるわけです。

小此木　そういうことをフロイトは技法論の中で書いていますが、いろいろな症例を実際に調べてみますと、フロイト自身は意外に自由なんですね。ねずみ男《ラット・マン》(2)がお腹をすかせて治療にやってきたので、食事をさせたというようなことを彼自身の病歴に書いていますし、狼男《ウルフ・マン》(3)になると一年近く無料治療をやっています。

河合　われわれとしては、そういうことを聞くとむしろ感激しますね。

小此木　まだウィーンに存命している狼男自身が書いたフロイトに関する回想録があるんで

すが、その中に書かれている治療状況は大変に自由ですよね。フロイトのほうからいろいろな話をしているんです。息子がスキーに行って足を折ったとか、最近、メレジコフスキーを読んだらドストエフスキーのことをこういっているが、ロシア人のあなたはどう思うかとかね。治療はどうなっているんだろうと思うくらい、フロイト自身がどんどんしゃべっています。

河合　その点、ユングはものすごく自由です。ユングはむしろ、そういうふうにすべきだと書いていますからね。そこで一つ思うんですが、ユングとフロイトは別れてからの対抗心が非常に強いでしょう。だから、どうしてもお互いに違う面を強調するというようなことがあったような気がするんです。

小此木　フロイトは治療技法その他についても超自我的になっている。タテマエ論が先行しているわけですね。特に後半期は。

河合　フロイトには、自分のつくった精神分析運動というのが、ヨーロッパ社会に健全に適応しなくちゃならないという意識が強くあったようですね。

小此木　それこそ家父長的意識です。だから実際やっていたこととのギャップがいろいろ出ているわけです。もう一つユングとの違いを述べますならば、フロイトの場合は慢性的に抑うつ状態になったり、神経衰弱様《よう》のものがあったり、まあ神経症みたいなもので、フリース体験のときが一番ひどかったわけですよね。ユングの場合には、分裂病的な体験をされているわけで、そういう病理学的な違いも面白い問題じゃないですか。

河　合　ユングは、自分はこれだけの創造的な仕事をしなかったら絶対、分裂病になっていただろうって、自分でもいっていますね。フロイトと別れた後の体験はずいぶん書いていますが、まあ分裂病といっていいでしょう。

小此木　かなり分離不安のようなものがあったんでしょうか。

河　合　もう、分離不安よりもっときつかったんじゃないですか。クライニアン的にいうと、パラノイド・ポジション（妄想的態勢　paranoid position）まで一気に退行した。そのとき、母性的な支えだけじゃなしに、アニマ的な支えも必要だったんですね。母性的な支えというのは、ただ抱きかかえてくれる、諒解しなくても、ただ大事にしてくれるというものでしょう。一方、アニマ的なものは、ユングと一緒に事態に直面して、そこで意見をいえるわけです。つまり、トニー・ウォルフがここにいたんですが、彼女はユングのことを全部わかっていたというか、先導したとさえいえるのです。ユングの言葉でいうと、われわれの無意識の世界に入っていく先導者的な存在の女性と、無意識の世界に入っていく危険に対して抱擁して守ってくれる女性は別なんですね。

そういう体験の後で、ユングは自分の奥さんを分析するんです。そして奥さんも分析家になる。いわゆる日常的なケアに奥さんがいて、非日常的なケアにはトニー・ウオルフがいたわけで、それがある程度続いてから、奥さんがおもむろに非日常の世界に入ってきて分析家になる、これは面白いですよね。そして、このトニー・ウォルフに、ロレンス・ヴァン・デル・ポスト（作家。映画『戦場のメリークリスマス』の原作となった『影の獄にて』は河合隼雄氏に影響を与えた）の奥さんが分析を受け、ヴァン・デル・ポストとユングが知りあいになるんですね。ですから、ヴァン・デル・ポストがユングのことを書いた本（*Jung and the story of our time*）の中にトニー・ウォルフのことも出てきますが、そのころは本当に非《ひ》難囂囂《なんごうごう》だったらしいですね。今やっと、ユングの周囲の人たちも書きはじめましたが。

小此木　その点、フロイトの場合はイメージが理想化されちゃうというか、道徳的になっちゃうというか、とにかく治療論でも何でもそうです。たとえば主張していることは行動化《アクティング・アウト》（acting out）[4]の禁止とその内面的解決ですね。外面的な行動化をしては「いけない」というのは、内面的に処理しなくちゃいけないという倫理観が強いからです。この見地からドストエフスキーのことも批判しているわけで、過ちを犯してからその罪を悔いるような人間はダメだ、過ちを犯す前に心の中で止めることができなければ倫理的人間じゃない、というわけです。表に出ている治療論はまさにそういうものですよ。

一つにはフロイトの場合、母性というものに対する認識が盲点になっているんです。母性性というものが備えた創造性について、フロイトはなんにも取り上げていない。それを女性像の問題でいいますと、なぜ女の人に男が惚れ込めるかという形で問題にするわけです。フロイトの場合、むしろ同性愛は納得できるという。なぜなら、男は自分と同じペニスを持っている。だから自己愛の対象になれるわけで、ペニスのない女性にどうして男性は惚れ込めるのかということをいうわけですね。結局、男が女に惚れ込めるのは、女にも男と同じペニスがあると錯覚するからだというのです。フロイトにとって女とは、本質的にペニスのない存在で、そのもう一つ向こうの母性という存在がなかなか出てこない。

河合　分析からは盲点だったけれど、現実的には自明のことだったわけですね。

小此木　そう、自分自身はどっぷり母性の中につかっていて、自己分析の対象にしなかったわけだけど、ゲーテやレオナルド・ダ・ヴィンチを取り上げるときには、母親を非常に問題にしています。ただしそれは、もっぱら母親へのリビドー的な結合についてであって、母親への憎しみ、恨みは全く取り上げていません。母親に自分が一番愛されたという経験は一生その人の強い自信になるといって、ゲーテのことを書いていますが、そこにはゲーテと自分は同じだという含みがあります。つまり、母親からの愛情への確信、つまり自己愛が強すぎて、母親への憎しみ、恨みは学問の対象にならないで終わっちゃうわけですね。

ユングの母エミーリア

河合　ユングの母親も面白い人です。母親的なものも持っているし、アニマ的なものも持っているということで、一般的な母親としてユングに対しているかと思うと、ときどき人が変わったように途方もないことをいったりするんですね。たとえば、ユングが近所の金持ちの息子をやっつけて帰ってくると、おまえが悪いといいながら、すぐにあんなのやっつけたらいいんだなんていうもんで、ユングはわからなくなってしまうんですよね。そういう日常と非日常というものを母親から受けついで、ずっと持ち続けるんです。

一方、父親というのは、牧師で、真面目で誠実なんだけど、弱い感じの人でね、ユングが小さいときに三位《さんみ》一体《いったい》に疑問を持っても、うまく答えられないわけです。ユングは父親に頼りなさをずっと感じていたんですね。そこがフロイトと違うところで、フロイトにとっての父親とは厳然とした存在で、スーパー・エゴ（超自我）の体現者じゃなければいけない。ユングの場合はそれを乗り越えなければいけないわけで、小さいときから既存のものに対する挑戦ということがいつも起きていましたね。

小此木　フロイトの父親はすでに四十歳をすぎていて、子供を何人も残して奥さんが亡くなって、二十歳の若い奥さんをもらう。その最初の子供がフロイトでして、親の愛情を一身に受け、家族の中でも特別扱いされていたわけです。妹のピアノをフロイトがうるさいといえば、ピアノは物置に片づけられてしまうとか、他の子供たちは就寝時間が決まっているのに、フロイトだけはいつまでも勉強していいとか、フロイトに本を買ってきても子供だからやぶいちゃうと、わざわざ何冊もの本を提供してやぶき遊びをさせるとか、幼児期のそういった類《たぐい》のエピソードは多いんですよ。高校卒業のときは、優等で卒業したごほうびに、約束どおり、イギリス旅行をさせていますね。

河　合　それを全部やってくれた父親というのもすごいですね。

小此木　一八九六年、お父さんが亡くなりますが、その衝撃は強かった。それをきっかけに、自己分析の中で、幼児期のことをいろいろと想い出すわけです。そして、それからの十五年間は父親への喪(mourning)のプロセスですね。母親とはかえってこういうヴィヴィッドな関係というのは少ない。お母さんというのは母性として一体感の中でずっと存在していたというんでしょうね。ただ、お母さんが亡くなったとき、「これで自分はいつ死んでもいい気持ちになれた」と書簡に述べています。

5　ユダヤ人問題とナチズム

河　合　フロイトは晩年になるにつれて、家長としてのタテマエというのがどうしても色濃くなってくるんですが、今おっしゃったようなこともあって、宗教的なことを、本当はあったんだけど、いわなかったというところはありませんか。

小此木　その件に関しては否定的ですね。これはユダヤ人問題につながってくると思うんですが、フロイトのお父さんは毛織物商人で、四十五歳のとき、没落するんです。不況になってユダヤ人排斥運動が起き、フライブルクにいられなくなり、一家はライプツィッヒからウィーンへと移るわけです。この体験は大きい。家庭の中では偉大な父親が、一歩外に出ると力を失ってしまったわけです。一番印象に残っているのは、父親と町を歩いていて、ユダヤ人だということで、父親が帽子を払われるんですが、父親は、こういうときにもケンカをしないで、黙って帽子を拾いあげるのがユダヤ人だと教えるのです。

フロイトの父親というのは、ユダヤ人の中ではドイツ化しているというか、文化面においてもユダヤ人を抜け出ようとしていたんですが、その反面、ドイツ文化にも安定できないところがあって、そういう意味で文化的な支えになってくれないお父さんということが、精神分析運動の過程でフロイトに次第に自覚されてきたようですね（M・ロベール『エディプスからモーゼへ』人文書院）。つまり、ユダヤ文化でもドイツ文化でもない自分の文化を創り出さなければいけないという問題意識ですね。ですから、母親の問題が出てこないというのは、ユダヤ人意識、ユダヤ人のお母さんという問題があるんじゃないかな。

フロイトの家はユダヤ教の中のプロテスタントみたいだったらしいですね。つまり進歩的ユダヤ人だったわけです。そしてフロイトにとっては、反宗教というのは反キリスト教であると同時に反ユダヤ教なんですね。ユダヤ教の律法主義的なものに対する反発、もう一つは自分たちを迫害するキリスト教に対する反発。宗教とはフロイトにとってこの二つしかなく、両方とも敵《かたき》になっていた。

河合　ユダヤ人問題がいろいろなところに入ってきて、われわれ日本人には共感できないところがたくさんありますね。ユングはナチとの関係をよく問われるんだけど、あれも反ユダヤ的なところがあったんじゃないかという点と結びついて、よけい拡大されていわれるんですよ。たとえば、一九三三年に国際精神療法学会の会長クレッチマー（精神医学者。人間の気質の分類で名を残す）がヒトラーに反抗して辞任したとき、代わってユングがなることがありますが、それもユングにすればユダヤ人を助けるという善意だったわけです。ユングの秘書で自伝の編集者だったヤッフェがこのことについて評論を書いています。彼女もユダヤ人なんですが、ユングは善意でやったんだけど、良きセラピストは良きポリティシャンじゃない、政治的判断を間違っていた、といっていますね。

そのうちに、ユングはナチスを批判したため、そのブラック・リストにも載るようになるのです。ドイツのラビでナチに追われて亡命していたベックという人がこんな話をしているんです。戦争が終わってからベックがスイスに行ったら、ユングが会いたいといってきた。ベックはユングに反ユダヤといううわさがあったので拒否するわけなんです。それでもユングはホテルまで出かけていって、話しているうちに誤解がとけるんだけれども、ベックはユングに、あのとき会長になったじゃないかと批判する。ユングは、ユダヤ人のためにやったんだけどと弁解しながら、やっぱり「つまずいた」というんです。それでベックもユングの気持ちを了承するのです。

小此木　フロイトの場合、個人的書簡の中には、ユダヤ人であるという問題意識がたくさん出ていますね。たとえばユダヤ人の友人のお葬式に行くんですが、それが結婚早々で自殺した夫の葬式で、夫側はあんな女と結婚したから死んじまったというし、奥さん側はあんな男と結婚して若くして未亡人になってかわいそうと、双方の家族が喧嘩しているんです。これを見て、フロイトは「家族同士で絆が強く、自分の家族のことしか考えないで喧嘩している。これをユダヤ人でない人が見たらどう思うだろう。自分は非常に恥ずかしい」と書いているわけです。つまり、ユダヤ人のことを西洋人の目で見て、非常に恥ずかしがるんです。

ところが一方、汽車でウィーンからライプツィッヒへ行く途中、換気をよくするため窓を開けようとするフロイトと、寒いからとそれに反対する他のお客がいいあいをするわけです。するとだれかが、あいつはユダヤ人だからあんな自分勝手なことをいうんだといいはじめるんですね。皆に取り囲まれてもフロイトは断固、窓を閉めないで「おれのほうが正しい、ユダヤ人であるおれが正しいことをいってなにが悪い、車掌を呼べ」と大騒ぎになった。そんなことが書簡には絶えず出てくるんですが、精神分析の論文にはユダヤ人のユの字も出てこない。むしろユダヤ的でない普遍性のある学問ということに異常に固執するわけです。それで先ほどの母親の問題が完全に無視されているのと、ユダヤ人にとっての宗教、民族意識が理論から排除されている点を、ユングにつかれたんじゃないでしょうか。

河合　二人が別れていったということもあって、ユングはよけいフロイトの盲点をつくというとこがありますね。

小此木　フロイトはユダヤ人でもドイツ人でも無意識は変わらないと繰り返しいっているのですが、ユングにいわせれば、ゲルマン人の無意識とユダヤ人の無意識は違う。しかし、そういうと、とたんにユダヤ人迫害と結びついてしまうんじゃないですか。

河合　あのあたりのユングの発言はずいぶん問題になりますね。ユングは価値判断を抜きにして、文化差の問題として発言しているのですが、結果的には、当時の情勢の中では、ユダヤ人をおとしめるようにとられやすかったわけですからね。この点はヤッフェもユングの失敗であるとしていますね。

小此木　フロイトはナチの迫害が表に出てからは居直ってしまって、自分はユダヤ人だと正面から打ち出しますね、一九三〇年代です。どうしてユダヤ人が迫害されるのかということを問題にするのは『モーゼと一神教』あたり、晩年ですね。

河合　ナチが動き出したとき、オーストリアにいるユダヤ人を救うため、ユダヤ人の金持ちが金を出し合って、フランツ・リックリンJr.を侵入させるんです。この人はユングと一緒に連想検査をやっていたフランツ・リックリンの息子で、私が留学中、ユング研究所の所長だった人ですが、当時三十歳くらいです。リックリンがフロイトのところへ行くと、フロイトはものすごく歓待するのですが、「おれは敵の恩義にあずかることはできない」というんですね。

小此木　そんなことがあったんですか。

河合　ユングは最初から、フロイトは絶対拒否するだろうといっていたらしいですね。彼はわれわれの手によって助けられるような人間ではないと。

小此木　西暦五〇年くらいにユダヤ人がエルサレムから追いはらわれますね。そのとき、ローマ軍に対して最後まで戦って玉砕していく派と、降伏してなんとかユダヤ人を生存させようという派と、二つの派があったんですが、和解派の中にはユダヤ人の政治的・社会的権利は放棄するが、ユダヤ教の学問だけは存続させてほしいという学者（ジョナサン・ベッサカイ）がいるんです。フロイトはウィーンから亡命する直前、弟子たちを集め、このジョナサン・ベッサカイの故事にあやかっていこう、自分たちはエルサレムを破壊されたときと同じ状況にいる、という。このときは完全にユダヤ人フロイトです。ユダヤ人の残る道は知的なものの道しかないと悟るのは晩年のことです。

河　合　そのとき助けたのがボナパルトとアーネスト・ジョーンズで、ボナパルトがユングから来た手紙の消失を防ぐのですね。

小此木　ボナパルトはフロイトからフリースへの手紙を保管しています。フロイトはなんとか、その手紙を自分に返して処分させてくれというのですが、ボナパルトもこればっかりは先生の言葉でも聞けないというんですね。ところで、フロイトは周期的に過去の資料を焼きすててしまうんですが、ユングはどうですか。

河　合　残していますよ。ただ、トニー・ウォルフとの往復書簡はどちらも完全に焼きすてていますね。

小此木　フロイトは自分のプライバシーに非常に神経質だった。ユングの夢の分析も断ったというし、アンドレ・ブルトンが、人の夢ばかり分析して、なんで自分の夢を公開しないのかというと、自分は一市民としてプライバシーを守る権利があると答えています。ユングはどうですか。

河合　弟子たちにはオープンでしたけれど、公式の場で自分のプライバシーに触れるのは失礼であると思っていたようですね。これはスイス人特有の考え方です。ユングは奥さんの死んだ悲しみを自伝にまるで書いていない。それで冷たい人だと思われているんだけれど、個人的書簡ではものすごく悲しみを書いています。

6　ユングとビンスワンガー

小此木　これは一度おうかがいしたいと思っていたのですが、ビンスワンガーとユングというのは、どうなんですか。

河合　あれは良き友人関係ですね。

小此木　ビンスワンガーをフロイトのところへ連れていったのはユングでしょう。

河合　そう、ユングは奥さんとビンスワンガーを連れていくのですが、ここで傑作なのは、ユングもフロイトも、その日を二月二十七日と思っているんですね。調べたら三月三日なんですよ。ビンスワンガーも、奥さんの日記にも三月三日と書いています。

そのあとフロイトがいつもやっていた水曜会にユングとフロイトが出席したという記録が残っていて、それが三月六日ですから、間違いないでしょう。

ルートヴィヒ・ビンスワンガー

小此木　ビンスワンガーはパーソナリティのやさしい人で、ユングともうまくいくし、フロイトともうまくいく。

河合　フロイトと弟子の間に起こったような軋轢《あつれき》もビンスワンガーとの間には起こらない。ユングとの間にも起こらない、これはよくいわれますね。それでいて二人とは違うことをいい出す面白い人ですね。フロイトはたとえば宗教について、本当のところはこうなんだとかビンスワンガーにいっていませんか。

小此木　書簡を見ても、その点は論文と変わらないみたいですね。宗教に関しては、ロマン・ローランとビンスワンガーへの書簡に一番はっきり書いています。ビンスワンガーは、フロイトが宗教的感情を否定していることは悲しいことだと思っていたんでしょうね、あるとき、人間には精神的なものも重要だということをフロイトが認めるかどうか質問するんです。フロイトは認めるという。ビンスワンガーは喜んで、それなら組織とか制度的なものではない宗教的な感情なら認めるんだろうと思ったら、それにはノーというんです。あなたはがっかりするでしょうけれども、それは人間の弱さであって、克服すべきものだ、そういうものを持っていることは事実として認めるけれど、その意義を肯定することはできない、というわけですね。ロマン・ローランに対しても大洋感情《オーシャニック・フィーリング》というか、宇宙と一体というような感情は認めるというのですが、宗教的感情は幼児的で克服すべき感情だという。そこのところは頑《かたく》なです。

河合　ビンスワンガーの博士論文はユングに指導された言語連想で書いています。それくらい仲がいいのですね。ビンスワンガーの一家は精神病医ばかりで、姪はユング派の分析家ですし、叔父はニーチェの主治医です。

小此木　オットー・ビンスワンガーですね。

河合　ビンスワンガーの長男は自殺するんです。ところで、だれかが自殺すると心理学者はいろいろ説明しますよね。こういう原因で自殺したんだろうとか、母親が悪い、父親が悪いとかね。ところで、これは僕の解釈ですが、ビンスワンガーにとって長男の自殺は説明を絶する事柄で、そこから現存在分析が出てくるんじゃないでしょうか。フィルツというユング派の精神科医もそういっていました。精神分析というのは説明するでしょう。だが生活史的な説明は父親としては拒否したい。だれが悪かったかじゃなくて、死んだという事実から理論を構成しようとしたわけですね。そういうふうに考えると現存在分析が出てきたのがよくわかるのです。しかし、その背景には、ユングなりフロイトなりの理論とプラクティスはずっと矛盾せずにあったんでしょうね。要するに、中核的なところは説明しつくせるものではないということを宣言したかったのではないかと思うんです。現存在分析みたいな考え方に対して、フロイト派の方々はどうお考えなのですか。

小此木　一つには、あんな難しいことをいわなくても、フロイトの中にもああいう考え方はあるのだからと、比較的認めようとしない考え方があります。しかし、僕などはビンスワンガーもそうですし、特にメダルト・ボス（スイスの精神科医、精神分析家）になってくると親近感が強いですね。

フロイトの実際の症例の中には、現象を現象それ自体として把握し、発生的に説明する以前の問題があると思うんです。そういう意味でポジションのことも現存在分析的なものとつながってくると思うんです。ですから、そこを明確にとらえるところは、現存在分析の方法論上の意義を評価することになるのではないでしょうか。ただ、それはフロイト的な実践の上にのっかった、一つの方法論的なものとして出てくると受け入れやすいが、ときによると、その基礎にハイデッガーの理論などが出てきて、哲学的思弁になりやすい。基礎になる治療的理解と離れた解釈学になってしまうという弊害に対しては批判的にならざるをえないですね。

河合　ほとんど同感ですね。亡くなられた三好郁男《みよしいくお》さんがボスのところにおられて、同時期にチューリッヒにいたのですが、ユング研究所でお会いしたわけです。彼が、日本で現存在分析という人がプラクティスを知らないということを強調していましたね。ボスのところでもまず自由連想とかやるんだが、日本ではそういうのを抜きにして本を読むだけだから誤解があるんじゃないか。もっと臨床と実際とを密着させてやらねばならないって、その臨床の段階ではフロイト派とあまり変わらない。そういうものを積み上げてあそこへ到達するのに、到達点からの本を読み、現象学といいながら現象から離れたことをやっている人が日本には多いんじゃないかと。

小此木　三好先生がチューリッヒから帰っていらっしゃったとき、あなたにいいお土産があるとおっしゃって「メダルト・ボスにはライヒが絡んでいますよ。ボスはライヒから教育分析を受けているんです」と教えてくださった。僕にはその一言が、いろいろなことを理解するのに非常に参考になりました。ライヒは状況分析ということで、フロイトがはっきりさせていなかった部分をはっきりさせるでしょう。ボスがライヒの状況分析の方法を知っていて発展させたとすれば理解しやすいわけです。ネオ・フロイディアンの精神分析でも、方法論としてその点が問題で、ランク、ライヒ、フェレンツィの三人が現在とフロイトをつなぐ意味で重要だと思います。

河合　それぞれがアンチテーゼを持っているわけで、それから派が分かれますね。クラインもフェレンツィからですか。

小此木　そうですが、クラインになるとフロイトの弟子というより、カール・アブラハムの弟子ですね。現存在分析はユング派の場合とどう違ってくるのでしょうか。

河　合　まあ、ユング派にもいろいろいるわけですが、元型などを実体化してしまう可能性があるんです。そこをボスはつついています。たしかにアニマとかシャドー（影）を実体化してとらえてしまうとおかしくなります。どうしても図式的に解釈しがちになると、ボスがいうような現象学じゃなくなりますから。つまり、ユングがやってきたことはボスのやっていたこととそれほど違わないのかもしれないけれど、弟子になるほどドグマ的になりますから、現存在分析の人たちはその点を批判するわけですね。

しかし、ボスが究極的にいっていることを取り上げた場合、プラクティスは出てきにくいと私は思うのです。たとえば私が、猫が窓から入ってきた夢を見た場合、それが何を意味するかといえば、猫が窓から入ってきたということが一番正確であって、その猫が父親だとか母親だとかアニマだとかいうのは間違っているわけですよ。でも間違っているもののほうがピンとくることがありますよね。つまり私にとっての言い換えがあるわけです。もちろん、それが言い換えじゃなくて教条主義的になってしまうと、ボスの批判どおりになってしまいますが、ボスのいうことだけ知っていてもどうしようもない。でも、このごろはユング派の人たちと現存在分析の人たちとは、わりあい交流しているようですよ。

小此木　現在ではもう常識になっていますが、実際の治療経験と、フロイトが理論構成として概念化しているシステムとの間には大きなギャップがあるということは、フロイトの大きな特徴になっています。そこには二つ問題があって、一つはフロイトを制約していた一番大きな問題で、もともと神経学者であったことから出てくると思うのですが、常にメディカルなモデルに固執し続けたということ、もう一つはユダヤ人コンプレックスです。その点、ユングのほうがプラクティスと理論とを治療の中に生かしていくということがあったんじゃないですか。

河合　そうです。治療しながら考えていくと理論につながってくる。フロイトの場合は、翻訳しなおさなければいけないという問題がありますね。それから、メディカル・モデルも自然科学のモデル、当時としては、精神分析をそのようなモデルに合わせて全世界的なものにしなくてはならないということがあったが、今ではそれがかえって制約になっているのではないでしょうか。

小此木　そこが、前にも話しましたようにユダヤ人問題とつながってくるのですが、普遍的な科学に非常に希望を持っていて、その一つとして精神分析をつくろうとしたわけです。それが現在から見れば普遍的ではなく十九世紀的自然科学なんですが。

河合　現存在分析がその点を批判するのは当たっているんですが、それだけいっていても動きようがないと思うのです。人間は悲しいことに、心の中に何かモデルを持っていないと動かないのですが、そういうとき、プラクティスのモデルは、フロイトやユングのモデルのほうがやはり強いですね。そんなことが、私の現存在分析に感じるところです。

7　フロイディアンとユンギアン

小此木　フロイトの場合、現代まで理論の変遷がありますね。クライニアンになったとか、ネオ・フロイディアンになったとか、純粋なフロイト理論がそのままでいることは非常に少ない。それぞれ補足しあったり、現代的に修正したりして使っています。フロイトの場合は、こういう発展がたくさんあるんですが、ユングの場合はいかがでしょう。

河　合　ユングの場合、非常に宗教的なものとか神話に重点を置いていくグループと、ある程度、実際的な治療面に重きを置くグループとに分かれます。ユングには無意識の創造性に対する信頼感があって、その考えを推し進めていくと、既成の枠組みをこわしていくところがあります。それでたとえば、ユングは同時代の他の人たちよりも女性のことをよく取り上げるんですが、それでもやはり男は男らしく、女は女らしくという考えがどこかに残っています。女性がアニムス的になるのを嫌うわけです。ところが、それだっていいじゃないかともいえるわけでしょう。

それからユングは男性の同性愛を非常に嫌ったと、アンソニー・ストーが書いていますが、本当かどうかはわからないところです。ユング派の人の中には、同性愛は治さなくてもいい、それはそれで存在意義を持っているという人も相当いますからね。また、たとえばマスターベーションを罪悪視する人がいるけれど、マスターベーションの元型は一人二役をするわけですから、両性具有的な全体性《トータリティー》のシンボルという考え方もできるんじゃないかといっている人もいます。そういう意味で、無意識の元型的なことを考えると、いろいろな人がいろいろなことを考え出すことができます。

それで私がユング研究所にいたとき、ユング派というのはなにかということが議論になりましてね。ユング以後のユング派の人たちは違うことばかりいっているので、すさまじいケンカがよく起こります。ユング派としての一致はありうるかということになると、投げ出す人さえいます。だからフロイト派ほどの、グループとしての発展がなかったんじゃないかという人もいます。自由が多いかわりにグループ意識が少ない。私など日本人ですから、他のユング派の人とまったく違うでしょう。しかし、それはそれで許容されていて、むしろそういう違う面を出していくところに、存在意義があるのかもしれません。

小此木　無意識の創造性ということですが、フロイトにはそういう考え方がない点で、ユングとは違いますね。

河　合　フロイトは克服していくという面が強いでしょう。

小此木　自我心理学になると、クリスのような人が出て、無意識の創造的退行（creative regression）などといい、クロッパーなどとロールシャッハの解釈も似てきますが、基本的にはフロイトの場合はそうですね。

河　合　ユング派の場合、医者でない人もたくさんいましたが、フロイトは最初はそうでもアメリカに行ってからは医者に限定しますね。私が聞いた話では、自分たちのギルドは守らなければならないという意識が非常に強いということですね。

小此木　アメリカのフロイト派が本来のフロイト派と違うのは、アメリカの精神分析が完全に医者のものになっていることですが、イギリスの場合は、Ph.D. でも M.D. でもない分析家《アナリスト》がいるし、文学部や心理科出身じゃなくて歴史などを学んだクライニアンがいます。

河　合　ユング派の場合、医者じゃなくても分析家として認められるんですが、そのうち Ph.D. をとっていなくてはダメだということになりました。そこまでいける強靭さを持っていなくちゃいけない、少なくとも博士号は持っていなければ、ということですね。だから、私がユング研究所に行ったときは、音楽博士とか法律博士がいました。

分析家の訓練は何をもって訓練とするか、難しいところですね。

小此木　現在、医学部に来る人でも、近ごろ話題の受験技術が発達した人しか来ないとなると、今のような精神療法家の適性の問題は考慮外ですからね。

河合　それこそ情緒的な完成度を犠牲にして学問をやっている人が多い。これは分析家としては不適格ですからね。

小此木　ときによってアメリカの分析家の中にも、そういう印象の人がいますね。ＩＱ一五〇の分析家と、ＩＱ一二〇でも人間味のある分析家とどっちがいいかという問題が実際にありますね。

河合　去年（一九七七年）、ベッテルハイムが京大に来まして、訓練の問題を話し合ったんです。彼は文科系の出身で、フロイト派なのですね。彼は、医者じゃないものもなるべきだ、精神分析家のキャリアは医学的知識が必要なんじゃなくて、哲学的、文学的知識なんだと強調していました。そこで、大学で精神分析家を訓練するのは可能なのかと聞くと、現代の大学では難しいが、総合大学の良さを生かすのが本当じゃないかといっていました。現実問題としては本当に難しい。精神分析家になる人は、どの学部を出ればいいのか迷うでしょうね。

小此木　フロイディアンの中でも有名な分析家はノン・メディカルな人が非常に多いですね。エリクソンがそうだし、メラニイ・クラインがそうですよね。フロイト以後、理論で本当にオリジナリティを発揮する人は医者じゃない人ですね。アメリカの精神分析医は非常に優れている人でも創造性に欠ける面がある。

河　合　でもロージャズがいうように、心理学の勉強はいらない、だれでもなれるというのも安易になると困りますね。

小此木　医学部にいる人間からいうと、大学教育、医学教育それ自体をもっと変えなくちゃならないということになるのではないかと思いますね。臨床家自体が自然科学の知識だけでは務まらないのですから。

河　合　医学教育の中の人間学といいますかね。

小此木　この教育というのは、フロイト、ユングに共通している問題として、研究所のあり方の問題ですね。

河　合　ユングはユング研究所ができるとき反対しています。ユングのやり方は手工業的で、才能があると思う人を長い間教育して分析家にするわけですし、ドグマのようになるのを嫌っていましたから、ユング研究所のようなものができると、マスプロ化、規格化される、と反対したわけです。結局、つくらざるをえなくてつくりましたがね。

小此木　フロイトのウィーン時代は、今のお話と似たようなものだったのではないでしょうか。フロイトは「委員会をつくったり、規約をつくったりするときは、物事の終わりのときだ。そういうのがなくてうまくいっているのが本当のときだ」っていっています。今のように組織化されたのは第二次大戦後のアメリカからじゃないでしょうか。しかし、フロイトが矛盾しているのは、研究グループがほうぼうにできることには関心が強かったようですね。家父長的な関心ですよ。それがもう一つ官僚的になることには考えが及ばなかったみたいですね。

河合　アメリカが世界の超大国になる過程とフロイト派の組織化が一緒になった感じもしますね。

小此木　ええ、たとえばメニンガー兄弟などは、本当にアメリカ陸軍と結合して軍隊の精神衛生の問題と取り組むという歴史を持っています。

河合　ヨーロッパの研究所はアメリカの研究所と違って設備は何もないですね。日本で研究所というと研究員がいたりしますが、ヨーロッパでは秘書が一人いるだけで、ガランとしています。びっくりしますね。各自各所で開業していて、なにかあったら集まってくる。ああいう研究所を日本にもつくったらいいと思いますね。

小此木　フロイト派の場合、IPAという国際精神分析学会が最近、次第に官僚機構化してきていますね。レインの反精神分析運動とか、フランスのマノーニとかラカン一派を、日本の若い人たちは取り入れたけれど、レインにしてもマノーニにしても、同時にそれはアンチ・インスティテュート運動なんですが、そもそも日本にはインスティテュートがないから、結局、ピンとこないところがありますね。

河　合　それはロージャズの場合にもいえますね。

小此木　喧嘩の対象がないのに、喧嘩だけが入ってきているわけですよ。むしろ日本では喧嘩の対象そのものをどうやってつくるかという時期なんですが。組織の問題で日本でも起こりつつあることは、精神分析の訓練をするとき、訓練生の選択をするのですが、そのとき拒否された人が非常にアンチ精神分析になる場合があることですね。日本でも古沢先生との関係で、何人かそういう方がおられて、私もその余波を受けて困らされたんですが、非常に難しい問題ですね。カール・ヤスパースが教育分析を拒否されて、ああなったんだという話を聞きました。

河　合　それはよくわかりますね。ユングの場合にも同じようなことがあります。

小此木　訓練をきちんとやろうとすると必ず敵をつくる。特に日本のように選択することに反応の厳しいところではなおさらそうですね。

河　合　ユングにしろフロイトにしろ個人を大切にする人だから、グループなり組織をつくるには迷ったり、苦労したりしたでしょうね。一方ではつくっていきたい気持ちもあるわけですから。

小此木　ライヒが逸脱していくきっかけの一つは、フロイトに教育分析を断られたことなんです。ある意味でフロイトに先見の明があったのかもしれませんが、そういうことが個人の運命に作用している。

河合　前に申しあげた、フリーダ・フォーダムという人、この人がユングに断られている。ですから、ものすごく敵意のあることを書いているんです。ユングが死ぬ前に出した手紙に「自分は老いさらばえて淋しい。自分が今までやってきたことは皆ナンセンスだ。世の中に受け入れられないし……」というようなことが震える字で書いてあったというんです。フォーダムがびっくりして訪ねてみると、ユングはもうボケてしまっている。ユングもそこらの老人と同じで、賢人でもなんでもないではないかとフォーダムは書いているんですが、これは普通ユングの死についていわれていることと全く逆ですから、スイスに行ったとき聞いてみましたら、みんな、そのわけを知っていました。なぜユングが断ったかも知っているわけですね。

小此木　僕が逆の意味でユングに興味があるのは、フロイトは開業医でしたから医者が自然だったでしょうけれども、ユングも精神科医だったでしょう。だから医者でありながら脱医者的になったということですね。

河合　相手が分裂病でしょう。病因を発見して薬を与えて治すという普通の治療には当たらなかったわけですよ。自分のキャリアを全部捨てて個の人間に当たろうとしたんじゃないでしょうか、これは私の推測ですけれど。こんなことをいっています。分裂病というのは諒解不能といってしまうところがあるが、そうじゃなくて諒解できるところはある。フロイトの夢分析の手法で診れば、それは理解できる。しかし、それは二次的な症状まであって、その中核は理解できない、と。

ユングが初期に診た患者で、あなたはだれですかと聞くと、私はローレライです、と答える患者がいるんですよ。皆は自分というもののアイデンティティがおかしくなっている、自分とローレライとを一緒にしている、というんだけど、そのうちにわかったのは、その患者が自分の妄想体験を話したりする、それを聞いた人が、おまえのいっていることはわからない、Ich《イッヒ》 weiß《ヴァイス》 nichts《ニッヒツ》 was《ヴァス》 soll《ゾール》 es《エス》 bedeuten《ベドイテン》 というわけですね。これは「ローレライ」の詩の第一節で、「なじかは知らねど心わびて」と訳されています。つまり、皆が「ローレライ」の歌詞をいう。だからおれはローレライだ、というわけです。

それをユングが突きとめたわけです。ですから、その患者がローレライだといっていることは諒解可能である。ところが、そういうことを伝えようとするのに、そのような表現をすることはなぜだかわからない。自分が話をすると皆ローレライの詩をいってくれる、といえばわかるんだけど、そこではなくて、私がローレライだという表現を選ぶこと、その中核となるもの、それはなかなかわからない、と書いています。一個の人間として諒解しようとしていきながら、結局、一般的なメディカルなモデルではダメだということが出てきたんじゃないでしょうか。

小此木　前にも出ましたように、ユングの場合は分裂病が主な対象で、フロイトの場合は神経症なんですが、ユングは神経症についてはどうだったんでしょうか。

河合　ヒステリーなどについては、フロイトと自分は違わないといっています。ですから、私らも、訓練の過程でフロイトの本はずいぶん読まされました。試験にもフロイトとかアドラーの理論などは出ますね。もっとも、人生の後半になって、人生の意味を喪失したようなノイローゼになってくると、ユング的な考え方が出てきます。ユング研究所の分析家としてしっかりしている人は、私らでも分析を受けに行くと、生活史的な分析をぴしっとやります。その点、フロイト派の人たちと変わりないんじゃないですか。

　ユングとフロイトの間で常に問題になることに内向という問題がありますね。私も明確にいえなくて困っているのですが、ユングもはじめは、外向の病《やまい》がヒステリーで、内向の病が分裂症と思っていたわけです。ところが次元が違うということがわかってきて、外向的病がヒステリーで、内向的病が神経衰弱と考えるようになった。神経衰弱というのは外には何も出ないが、内的摩擦で疲れはてて衰弱してしまう。これをユングはフロイトと別れてからいうんです。フロイトは内向というと分裂という。内向のひどいのは最もナルシスティックになるんだから分裂病になるんだとね。ユングは内向というのは健康な状態であって、病的ではないといい出し、別れてしまうわけです。ところでどうですか、私らの臨床体験としては外向でも内向でも分裂病になるでしょう。

小此木　そのあたりの内向、外向というのは、リビドーの内向、外向という意味ですか。

河　合　それと関連してもう一つ問題があってね、退行と内向が一緒になって、話の中でごっちゃになっているような気がするんですよ。

小此木　内向という言葉はユングとフロイトのどちらが先に使ったかわからないんですが、フロイトの場合、『精神分析入門』（一九一五〜一九一七年）に出てくるとき、こんな使い方をしているんですよ。たとえば、リビドーの内向というのは、外の対象によって満足されないで、しかも完全に抑圧されないで心の中に浮いているような状態で、これがもう一つ病的に抑圧されると神経症。もう一つは、芸術的に特異な才能があれば、それを芸術作品に昇華させていく。どっちにでも行くような中間的な状態をフロイトはリビドーの内向というのですが、その使い方がユングの内向とどう違うのか、僕も知りたかった。

河　合　そもそもリグレッション、退行という概念でユングはリビドーの無意識の流れをさしています。リビドーが自我のほうへ流れてくるのをプログレッション、進行と呼んでいますね。

小此木　退行はちょうどフロイトの場合でいうと大きく分けて二つあって、その一つである夢の理論でいう局所的退行は今の場合に当たるんじゃないかと思います。つまり、無意識なものから意識的な方向へ行くのが進行、意識的なものから無意識的なものへと戻るのが退行なわけです。もう一つの退行はリビドー発達のところでいっていることで、性器性欲《ジェニタリティ》から口愛《オーラリティ》に下がってくるというような退行ですね。今の内向という場合と退行はどういうふうにつながってくるんでしょうね。

河合　私の解釈になるのかもしれませんが、内向という場合は自我の支配下におけるエネルギーと考えたらわかりやすいのではないかと思います。だから自我が支配するエネルギーを内的なものへと向けていく。そういう人は無意識の世界を問題にするのだけれど、自我の支配下にあるわけでしょう。

小此木　そこのところは今申しあげたフロイトの内向の概念とかなりつながってきますね。

河合　そして、やはり自我の支配下にあるエネルギーが外的なものへ向かうのが外向で、退行というのは、自我の支配下を超えてしまった一つの現象として見たらわかりやすいのではないでしょうか。ところがこのときに、病的な退行と内向とが一緒にされてしまって、内向のひどいときに分裂病になるというような理論が出てきて、わからなくなるんじゃないかと思いますが。

小此木　フロイトの場合は、はじめナルシシズムの概念と内向の概念とが重なっていましたね。

河合　それは違うということをユングは何度も手紙に書くんです。だいぶ論戦しますね。

小此木　フロイトにとってのナルシシズムというのは、自体愛と対象愛の中間段階という意味なんです。つまり心身統一体としての自己に対してリビドーを向けている現象である。だからそれは当然、内向とつながってくると思いますね。しかし、そのあたりをどうとらえるかで分裂病に対する考え方も違ってきます。一九一四年に書かれた『ナルシシズム入門』でリビドーが自分に向くということはあるけれども、分裂病の人と山の中に引きこもった仙人や瞑想している人とどう違うかなどと議論していますが、あのあたりはユングを意識しているようですね。この違いは内向の概念だけじゃ説明つかない。

河　合　絶対にそうです。さっきも申しましたが、ユング自身も退行という概念をごっちゃにしているようなところがあるように思われます。創造的な退行というようなことをいうんです。退行も病理学的な退行と創造的な退行と分けて考えなければいけないというわけです。ところが、そういうふうにいうと、創造的な退行のほうは、私のいっている内向に近くなってくるわけですね。

小此木　ユングの場合、退行という言葉を使わないほうがいいんじゃないか、と思うんですがね。フロイトの場合は、無意識のものが表に出てくるのが退行で、無意識の中に生産的なものがあるとは考えないし、意識のほうを現実と考えているから退行でよいかもしれないけれど、ユングの場合はそれが必ずしも退行とは限らないわけですから。

河合　ユング派ではそれが中核みたいなものですからね。私がアメリカで分析を受けたとき、ユング派とフロイト派はどう違うんですかと聞いたんですね。そうしましたら、これはアメリカ流のジョーク的な答えですが、フロイト派の分析を受けると金持ちになれるが、ユング派はアーティスティックになる、というわけです。そのころ、アメリカで一般的にいわれていたらしいですよ。

8　ボーリンゲンの塔

小此木　今の話につながると思うのですが、D・リースマンの『個人主義の再検討』の中で、フロイトが個人主義の中に入れられていて、リースマンはアメリカ人なのに「どうして精神分析家の人たちはあんなにも働き者なんだろう」と書いていますね。僕の知っている人でも、教育分析を受けに、朝七時、分析家のところへ行って一時間、分析を受けてから大学へ行くなんていうことをしていますし、メニンガー病院へ行ってびっくりしたんですが、アメリカ人というのは土、日は休むものとばかり思っていたら、冬の寒い土曜の朝九時から精神分析のセミナーだけはやっているんですね。ところが西ドイツのゲッチンゲン大学に行ったら、そこはまた夜の八時から十一時まで何年間かのコースで精神分析インスティテュートの研修を行っているというように、朝早くとか夜遅くとか休日を使って勉強する。とにかく分析家たちは忙しいのですが、これと精神分析とは本質的に関係があるんじゃないかと、リースマンは指摘しているのです。

河　合　私がユング研究所に行って、まずいわれたことは、講義はあまりとるなということ。何をしているかというと分析だけです。それも毎日じゃなくて、多くて週に三回、だいたい二回です。ユング派の人は一生、学会へ行かないとか、なんにも発表しないというような人がけっこういますね。

小此木　リースマンは、フロイトがドリーム・ワーク（夢の仕事）といっていたことで、せめて眠っているうちは休めると思っていたのに、その眠りの中でも夢の仕事をしていることになった。つまり人間は寸分の無駄なく働いているということを、フロイトははっきりさせたんじゃないか、といっています。とにかく、僕を含めて精神分析をやる人は本当に忙しい。患者さんを診るのに普通の何倍もの時間がかかることで忙しいけれど、そもそもフロイトの人生観にそういうものがあるんです。

フロイト自身の人生観といった場合にも、「愛することと働くこと」という有名な言葉がありますが、フロイトがフリースと書簡をかわすころは四十代の働き盛りで、朝八時から夕方まで患者さんを診て、休息をとったあと、九時から一時ごろまで原稿を書くという生活をずっと続けていた。翌日の診察中に眠くなったりするようなこと

ボーリンゲンの塔

がないよう、それだけは気をつけている、という書簡があります。ユングはどうですか。

河合　ユングは、チューリッヒの湖畔ボーリンゲンに地所を買いまして、そこに自分で塔を造るんです。あちらはギルド制が発達しているから素人はレンガに触ってはいけないので、ユングはレンガ職人のギルドに入り、レンガ積みを習って、自分で塔を造るんです。

小此木　塔を造るという、その発想自体がすごいですね。

河合　電気など一切なし、野性のままです。ユングは料理がものすごく上手で、獲ってきたウサギを自分で料理したりして野性の生活をしたり、部屋にこもって瞑想したりしています。奥さんも行ってますが、トニー・ウォルフもよく連れていった。

小此木　フロイトはウィーンのベルクガッセ十九番

フロイトが住んでいたウィーンのアパート

のごく普通の市民の住んでいるアパートに四十九年間動かずにずっといたでしょう。山登りとかキノコ採りも好きでしたが、日常は社交的でしたね。ブナイ・ブリス協会というユダヤ人の社交クラブに行ってトランプをやったり、冗談をいいあったり、オペラに行くとか、そういう人間関係がわりあいあって、休息のために閉じこもるなんてことはまずなかったみたいですね。

河合　ユングももちろん友だちつきあいもやっているわけです。ヨットとか酒を飲んでしゃべったりすることも好きですが、やはりボーリンゲンの塔にこもることは大きいですね。だれも入ることのできない瞑想のための一室を造っています。ですからボーリンゲンには特別の人だけ呼んでいますね。

ユングはスポーツもよくやって、特にヨットはよくやっていましたが、あれも一人でやるスポーツですからね。人間関係とかそういうもので人間の本性は完全に満足させられるものではないというのが彼の前提ですね。つまり、自分の本来的なものは自分一人でやらねばならない、ということですね。実際は家族ともうまくやっているんだけれど、それだけじゃなくて、自分は塔にこもる部分というのを持っているわけですよ。

小此木　なにか俗を超えた楽しみというんでしょうかね。

河　合　ユング派の人にはそういう人が多いような気がします。私も分析家に、何もしない時間を絶対確保しておけといわれました。少なくとも半日はぼやっとしている時間をつくらなくちゃいけないと。

小此木　フロイトについては、何もしない時間というのは聞いたことがないです。

河　合　勤勉なんですね。

小此木　「月曜のかさぶた」なんて言葉があって、日曜日一日休んでも分析に支障をきたすというわけです。

フロイトの場合、若いころの書簡の中にお金の話が多いですね。事実、お金では苦労していた。奥さんへの手紙などでは、今度いくら入るからどうする、というような手紙が非常に多いですね。

河　合　ユングはそういうことはいわないのに、金をとるのはうまかったらしい。

小此木　フロイトの場合、第一次大戦のころ、つまり六十歳くらいまでは、食糧がないとか、お金がないとかいう危機感があるんです。しかし、いざ亡命するころになると、蓄えもでき、ロンドンでは他人の経済援助も受けずに自立しています。用意周到なフロイトはひそかに金貨を蓄えていて、ギリシア大公妃マリー・ボナパルトを通じて、これをウィーンのギリシア大使館にあずけ、ギリシア王を介して、ロンドンのギリシア大使館に送ったんですね。フロイトはそれで食べるのには困らなかった。現実というものへの目の向け方が一つ違うと思うんですが、そういう現実主義的な気質がアメリカ人にぴったりしたということがありますね。

河合　ユングはアメリカでは最初は全然受けないんですよ。なんの益《えき》もないでしょう。アメリカ人は現実主義者ですから、バッチリ自分を鍛えて、健康に働くというのが受けたわけでしょうね。ところが最近になって、逆転したところも見られますね。アメリカ人が行きつくところまで行きついて、内面的なところに気づきはじめ、ユングも面白いなという見方が出てきたのではないでしょうか。

小此木　精神分析は一九六〇年代くらいまでがアメリカで頂点ですね。それからはいくぶん固定化のきざしが見られています。今、精神分析が盛んなのは南米などのような発展途上の資本主義国です。いい分析家は南米に次第に増えていっています。極端な場合には、スペイン語を習ってアルゼンチンに留学したほうがいいんじゃないかなんていう人もいます。アメリカにクライニアンが入っているのも南米経由なんです。

河合　そうですか。

小此木　アメリカ人は直接、イギリスにはあまり行かないし、南米の人はイギリスに行くほうが料金が安いというのも原因の一つでしょうが、南米の人はイギリスで資格を取ってアメリカで稼ぐわけです。だいたいアメリカで生まれ育って精神分析学者として一家をなしたアメリカ人は、意外に少ないんじゃないですか。エリクソンをはじめ、みんなヨーロッパから来ているし、最近はイギリスの流れがアメリカに入ってきているわけですが、とにかくフロイディアンの働き者のところがアメリカの風土と合ってしまう。

河合　現実をしっかりつくりあげるんだということをバックボーンとして、非常に大きな意味を持ったんですね。

9　死と生

小此木　いわゆる自我心理学で、自我機能をいろいろ分けますね。そうすると一番大きいのは、自我の自律、オートノミィの機能で、もう一つは社会的な達成の能力を入れているくらいですから……。

河合　ユンギアンで一番重要なのは創造性でしょう。そして、その創造性は世の中に役立つものじゃなくても、自分の人生を創造するものであればいい。だから売れない絵をいくら描いてもいい。

小此木　芸術療法とも関係がありますね。

河　合　ええ、あのあたりはユング的なものが入っているのに、意識されてないですね。ユングは、自分の弟子でも、そういう創造的なことを怠りだすと、つきあいを断ったらしいですね。なにかを確立したというようなことをいって慢心していると、それはユング心理学じゃない、成功《プロスペリティ》心理学だっていって、縁を切るようなことをしたらしいですね。

小此木　その点、フロイトの合理主義とか個人主義とはかなり違いますね。

河　合　ええ。ただ、へたをすると現実の枠を超えるので、途方もない大失敗というのをして、完全につぶされてしまうこともありますね。

小此木　逆にいうと、そういうものを現実に認めさせようというのが、創造性ということになりますね。

　フロイトの晩年の闘病生活はボーヴォワールなどが高く評価していますが、一人で頑張って逆に宗教を認めないのです。一九七九年に翻訳されたマックス・シェールの『フロイト、その生と死』にも出ているんですが、フロイトが死の本能を考えたのは、だいたい一九一二年ごろ、六十五歳くらいからですが、こういうことをいうのです。「死というものは人間にとって不自然なものじゃない。生物は本来死んでいく傾向を持っている。人間は死そのものがいやなんじゃなくて、死の本能のままに死ぬ自然死を願っている。普通の死は自然死じゃないので、死を恐れているのだ」と。この考えをマックス・アイティンゴンに手紙で書くわけですが、その手紙を書く前に、ゾフィーという娘さんが、子供を残して、ハンブルクで病死しているんです。非常に死に敏感ですから、娘が死んだことを嘆いて、その直後に死の本能を論文にするんです。

ところがマックス・アイティンゴンに後で変な手紙を出している。自分が死の本能を着想したのはゾフィーが死ぬ前だったことにしてくれってね。娘が死んで悲しいときに死の本能を着想したということは自分にとって認められないことだ。理論は子供の死と別の次元で考えたものでなければ価値がない。フロイトは日付をごまかしてくれっていってるんですが、逆にいえば厳しいわけですね。もし娘の死の悲しみのために死の本能を考えたとすれば、それは一般宗教となんら変わらない。つまり、人生の生存の苦しみに耐えるために幻想として理論を考えたことになる。これは自分の宗教心を認めていることになるんですが、公的には認められない。

河合　ビンスワンガーの息子が自殺して、現存在分析が出てくることと重ねあわせると面白いですね。

小此木　二人には情緒的な手紙のやりとりが残っています。『フロイトへの道』という本に出ていますが、面白いのは、個人としては悲しみの感情は抑圧しないけれど、学問的なことに結びつけていくことは絶対しないという姿勢があることですね。

河合　死の問題では、ユングの奥さんが、彼が八十歳のときに亡くなるんですが、そのときにものすごく悲しむんです。お弟子さんから聞いたんですが、たしかに死というものを自分は相当、受け入れているつもりだが、これだけの存在が無に帰するとは考えられない、精神的にいろいろなものを持っていたものが、そこでまったく無に帰するということには耐えられないといって悲しんだそうです。

しばらくたって、夢の中で奥さんが前の研究を続けているのを見るんです。奥さんは聖杯の研究をしていたんですが、夢の中でそれを見て、やっぱり存在は続いているっていうんです。それは夢分析すれば、それは内的には自分の中の女性像とも見られます。しかし、自分のアニマは未完の仕事を持っているということは、むしろ自明のことで、あまり意味を持たない。それよりも、自分の妻が研究をいまだに続けていると考えるのが一番ぴったりする、というんです。

小此木　夢をそういうふうに受け取るんですね。フロイトは宗教もマルクス主義も願望の産物だというんです。願望から発想するのは全部幻想だから、絶対に克服しなくちゃならないという。

河合　そういうところをフロイディアンから批判されると、ユングはもう全然ダメになる。まさに願望どころか幻想を現実だなんていっているわけですから。

小此木　フロイトも幻想というものは心的リアリティとしては認めるけれど、意味づけが違いますね。ユングにおける死のとらえ方では、夢というものが、ある種の神秘的な交流の媒体というような意味を持っていたんではないでしょうか。

河　合　ユングが死のことをいろいろ書いているなかで、私がわからないのは、自分の心の中に奥さんは生きているといっているのか、それを超えて、魂の存続があると思っているのかということですね。ユングは著述するとき、自分を限定して、自分は心理学者として書くのだから宗教についてはいえない、というんです。たとえば死後の世界とか、死と再生ということが実際にあるんじゃなくて、心理学的に存在するから、その意味を追求するんだ、と。だけど、自伝になるとニュアンスが違ってきて、もう少し違う重みみたいなものを持ってきます。

だから、ユング派の人には、死後の自己実現ということをはっきりいう人がいます。死んでいく人の分析をしている人もたくさんいます。僕が感動したのは、ユング派の分析家でガンになる人がいるんです。死ぬ直前のニュース・レターに、自分は死後の自己実現ということを確信している、そこに入っていくんだと書いて、死んだ人がいます。ユングはそこまで述べているんじゃなくて、インナー・リアリティ（内的現実）を述べているんだ、と少しぼかして書いていますね。

私がユング派の勉強をしていて、ものすごく感動して、やはりユングをやろうと思ったのは、アメリカでマイヤーの本を読んだときです。その最後にこんなことが書いてあるんです。マイヤーに分析してもらって回復し、五、六年会わなかった患者が、ものすごい夢を見たとわざわざ報告に来るんです。その夢を読んで、あんたは死ぬ、とマイヤーはいうわけ。この夢は死ぬ準備だと。その人はそれを受け入れて、身辺の整理をして一年後に病気で死ぬんです。それを淡々と書いている。

小此木　ほう、すごい話ですね。

河　合　夢は死と再生の話だったんですね。マイヤーにいわせると、その人は死を受け入れるようになっていたから、そういう夢を見たのであって、どんな人でも死を予告するような夢を見るわけではない、と。そういう点からいって、ユングは夢で自分の死を知っていて、安らかに死んでいったと聞かされていたのですが、先ほどお話ししました、フォーダムの話でびっくりしたんですよ。一昨年、スイスに行ったとき聞いてまわったり、最期に立ちあった人の手記を見せてもらったら、たしかに安らかに死んでいますよ。ユングは人によって見せる面が非常に違っていたそうですから、フォーダムにはそう見えたのかもしれませんが。

小此木　怖がってもいたし、飄々《ひょうひょう》ともしていた、両方持っていたんでしょうね。

河　合　ええ、心の中で準備ができていても、身体の反応、肉体としてはけっこう怖がっている、とある分析家がいっていましたが、なるほどと思いましたね。生きている人間として、そこまでは克服していないんでしょうね。

小此木　そうでしょうね。

河　合　私自身の体験としては、アメリカにいたとき、精神病院にいる患者さんを二時間ほど日光浴させながら雑談するというアルバイトをやっていたんです。ときどきおかしなことをいったり、妄想のようなのが出てくるんで、分裂症だと思っていた。あるとき、おれの病気を知っているかというんです。なにかといったら、マルチプル・スクレローシスだというんですね。

小此木　多発性硬化症《マルチプル・スクレローシス》ですね。

河　合　それで、おれは死ぬより仕方ないと教えてくれるんです。本で調べてみても、治療法がなくて死ぬと書いてある。私はいっぺんにガクッとしてしまい、アルバイトに行くのやめようかと分析家に相談に行ったら、そのことを話し合ったらいい、その人が死んでいくのをおまえが助けてやればいいというわけです。びっくりしましたら、いやユング派ではたくさんやっているといわれ、ショックを受けました。私は結局、断りましたけど、そういうのはユング派の特徴なんですね。

小此木　そのあたりにくるとフロイトの場合は、最後まで生の限り戦うということになりますね。

河　合　本当ですね。

小此木　フロイトの死に方は本当にそういうものだったですからね。

河　合　あれもまったく立派な死ですね。

注

(1)「イルマの注射の夢」　一八九五年七月二十四日、フロイト自身の行った最初の自己分析の夢。

(2)ねずみ男　フロイトの治療した強迫神経症患者。罪人の肛門にねずみを押し込むねずみ刑についての強迫観念を主訴としたので、ねずみ男と呼ばれる（フロイト『強迫神経症の一例に関する考察』）。

(3)狼男　フロイトの治療した境界例患者。幼児期に狼恐怖を持っていたので狼男と呼ばれる（フロイト『ある幼児期神経症の病歴より』）。

(4)行動化　精神分析学の概念の一つで、言語化を治療者・患者間の交流の主な手段とすべき精神療法過程で、患者が治療場面内で言語を用いるかわりに、治療場面内の行動あるいは治療場面外の行動によって自己表現を行う現象をいう。

第三章　人間の心をめぐって

1　自我の構造

河合　フロイディアンの場合の自我とユンギアンの場合の自我の考え方が違いますね。あれはどう考えたらいいのでしょうか。

小此木　フロイトの自我のほうが、わりあい常識的なんじゃないですか。もともと常識的に使っていて、それがだんだん用語化していったというんじゃないかと思います。だから、使い方もずいぶん荒っぽい。自己意識みたいな意味にも使っているし、セルフ(self)という言葉とほとんど区別なしに使うこともありますし、それから、自己保存、本能、自我本能というのか、それこそアドラーがいっているような、自己の主張というのか、自己の生存というのか、そういうものの主体としての自我の使い方もありました。ところが一九二三年の『自我とエス』での自我・エス、超自我の図式になって、はじめて一つの用語として決まったわけです。

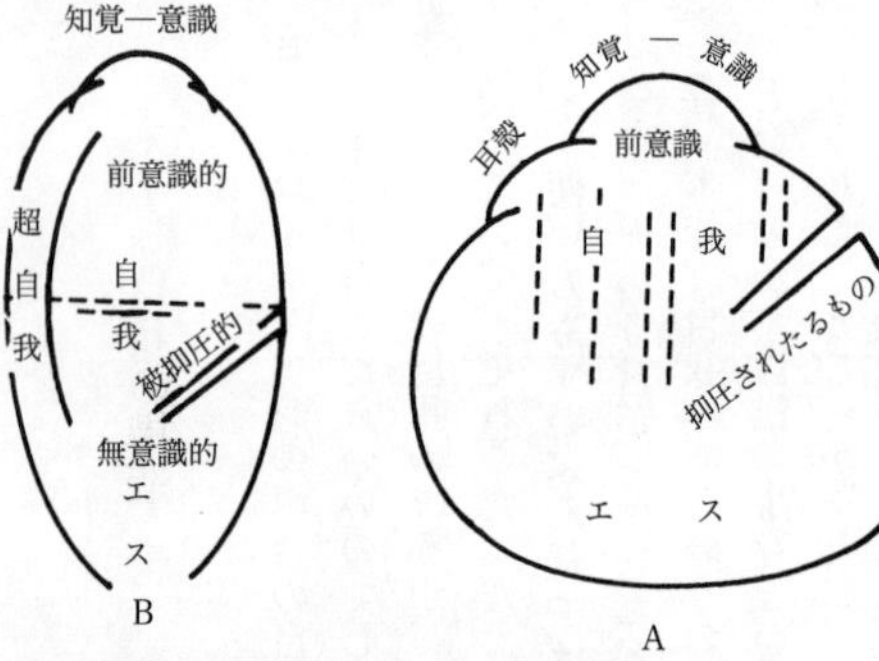

図A　『自我とエス』（1923年）所収
図B　『続精神分析入門』（1932年）所収

河合　しかし、心的装置論《メンタル・アパレイタス》というんですか、フロイトの図式の変遷ね、非常に面白いですね。だんだん変わってくるでしょう。ユングは結局、自分では図式は全然書いていないですね。後でわれわれとか弟子が勝手に図式を書いていますが。

小此木　その点、フロイトの場合には、もうはっきり、自分で図を書いていますものね。

河合　それも変遷していますよね。

小此木　フロイトの場合、理論形式ということになると、最終的に常にメディカルな、あるいは神経学的な一つのモデルがあったし、脳の解剖学のようなものが前提にあったんです。だから、その前の小児の脳性麻痺の研究だとか、失語症の研究だとかをやっていて、それがもう思考の基本にあるから、あの図式の精神構造というのも、絶えずそのことを前提にしてできていたということです。その変遷のところで、自我・超自我・エスというものができてきたわけだけれども、一九二三年の『自我とエス』のときには自我の図の下が閉じられているんですが（図A）、一九三二年の『続精神分析入門』では、そこが閉じられていないんです（図B）。

河合　あいてますね。

小此木　そういう問題がありますし、それから超自我についての考え方が変わってゆきます。これはかなりユングの影響なんでしょうか、親の超自我を子がまた取り入れるというふうに。そうすると結局、ある意味で民族的なものが取り入れられるというようなものになってくるのです。下があいている部分も、ある意味では系統発生というか、個体を超えたエスというようなもの、そういう思想を持つようになっているし、そういう点が、一九二三年のころと三二年のころとの十年間で、かなり変わってきているといえますね。

フロイトという人は率直にいって、ずいぶん意地っ張りの人だったと思うんです。というのは、フロイトがなにかセオリー（理論）を出して、ユングでもオットー・ランクでも、いろいろな弟子たちがフロイトに反対してニュー・セオリーを出す。すると、その時点でフロイトは徹底的にそれを攻撃する。認めないんです。自分のほうが正しいといって論争して、論文を書く。ところがそれから十年くらいすると、フロイト自身が攻撃した弟子たちの考えが見事にフロイトの中に取り込まれて、一見まったく形を変えて、自分の考えとして出てくるんですね。フロイトというのは、すごい呑みこみ型というか、それでいて人の影響だということは、絶対認めないんです。

河　合　しかし、考えてみたら、家父長制というのはそういうものかもしれませんね。つまり、常に父であることをやめないのだから。

小此木　同じ真理でも、息子がいったら間違っている、そういう態度です。精神分析に関しては。

河　合　だから、直接の弟子たちは、離れていかざるをえないというところがあったんでしょうね。もう一代後の若い世代になると、ずっとついていけたんでしょうが、非常に接近した弟子たちは、すごく被害を被ったんじゃないでしょうか。

小此木　そこで、離れざるをえなかった人たち、それから、非常にマゾヒスティックに、フロイトに呑みこまれるのも我慢して、後でフロイトと自分の考え方を調和させようとした人たち、タウスクみたいに自殺しちゃった人とか、フェダーンがそうです。ハルトマンとかアンナ・フロイトのように、もう一つジェネレーションが離れた人たちはいいんですよね。フロイトと弟子の関係は、三グループくらいありますね。

河　合　先ほどの自我・超自我・エスという図式も、そういう弟子たちとの論争から出てきたというわけですね。

小此木　どうしてあそこで、あの図式を変えだしたかというと二つ問題があるんです。フロイトは自分のオリジナリティというものを絶えず確認していたいという気持ちが強かったらしくて、自我についても普通の自己意識だったら哲学でもいっている、それが精神分析の用語として確立するということはどういうことか、問題にしたわけですね。その当時は、精神分析というのは無意識の心理学であると考えられていた。だから自我が単なる自己意識だったら精神分析の対象に値しない。つまり、無意識の自我の働きというものがあるんだということを問題にしているわけです。

それはどういうことかというと、性的な本能に対して抑圧するのが自我だという場合は、日常的な使い方ですんでいたんだけれども、治療していると、あなたはそのことを今、思い出すのは非常に恥ずかしいから、そんなことは思い出したくないし、口にしたくないんでしょうと、患者さんにいっても、患者さんは自分が抑圧しているんだということがわからないんです。それで、抑圧しているんだということを指摘しても、抑圧しているんだということの、そのまた抑圧がある。それが抵抗治療という、精神分析で重要な問題になるんだけれども、その抑圧というのは自我の働きで、そういう意味では、意識しない自我というものがあるということが、あの時点におけるフロイトの一つの発見なのです。そこではじめて、自我が精神分析の用語として登場した。こういう意味が一つあります。

もう一つは、罪悪感の問題で、超自我という言葉が出てきた。そこで今までの意識・無意識・前意識という図式では扱いきれなくなったので、第二の模型に入ったということがあるんです。

フロイトの場合にはこのように、モデルが意識・無意識・前意識と、自我・超自我・エスと、二つあるんですが、わりあい単純明快なんですね。それに比べるとユングの場合は図を見ても、複雑とまではいわないまでも、かなり推敲《すいこう》されたものじゃないですか。

河合　フロイトとパラレルにいけばユングのほうがむしろずっと簡単みたいなもので、自我と、そして無意識と。それが個人的な無意識と普遍的な無意識に分かれているだけといっていいくらいです。超自我という考えはありませんしね。ユングの場合は超自我の意識化された部分はコレクティヴ・コンシャスネス (collective consciousness) という言い方をするんです。

小此木　それは集団意識とでも訳すのでしょうか。

河合　そう訳していますけれども、ちょっと無理をしていますね。

小此木　コレクティヴ・アンコンシャスネス (collective unconsciousness) は集合無意識ですか。

河合　といったり、普遍的無意識と訳したりしていますけどね。私は「普遍的」にしているんです。コレクティヴというのは、パーソナルに対してあるわけです。ところが初め、集合とか集団というと、なんかこう無意識の集まりがあるとか、そういうふうに誤解されたりしたんで、人類に普遍的とかいう意味で普遍的無意識としたのですが、いい訳語はないかと、実はまだ迷っているのです。

それで、これは非常によくいわれていることだけれども、ユングが普遍的無意識ということをいい出した基礎には、分裂病者の治療経験ということがあるわけです。個人の生活史ということから、個人のコンプレックスということではどうしても了解しがたいことが、分裂病の場合には非常に多いので、ユングはどうしてもなにか次元の違ったことを考えざるをえなかったということが大きいと思うのです。

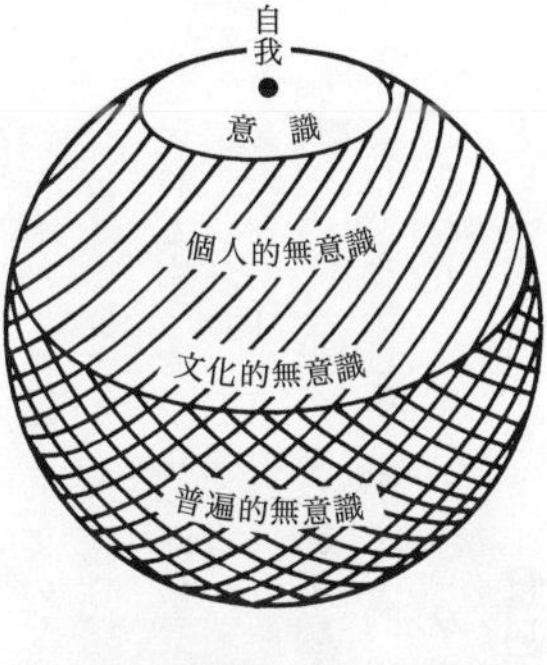

無意識の層構造（『無意識の構造』中公新書より）

最近（一九七八年）、アンソニー・ストーという人の『ユング』という本を翻訳したのです。その中で、ユングの普遍的無意識の中の、元型的《アーキタイパル》なものとかなんとかかいっていることは、結局、クラインのインナー・オブジェクト（内的対象）とほとんど同じだといっているんですね。ユングが普遍的無意識という場合、たとえば父親といっても幼児体験としての父親ではなくて、いわゆる元型的な父親ということを強調するわけでしょう。それで、そういう普遍的な父親ということをユングは強調するんだけれども、クライン流に、インナー・オブジェクトという考え方をしていけば、もうほとんど同じじゃないか。そして、クラインだったら子供のときの経験をいうんだけれども、子供のときの経験だって、推察的であって立証不可能なところまで行きますよね。だからそれが生来的なものか、生後のものかといっても立証できないわけです。

このように考えると、クラインの考えによって、ユングとフロイトはつながるんだということを、ストーはいっているんですが、非常に面白いと思いました。これはどう思われますか。たとえば、パラノイド－スキゾイド・ポジション（妄想的－分裂的態勢　paranoid-schizoid position）というでしょう。そこらあたりのことになると、そういうことが実際にあったかどうかを立証することはできませんよね。本人の記憶としては残っていないというわけです。で、そこに出てくる、グッド・ファザーだとかバッド・ファザーという考えなどは、ユングのいう元型としての父親像と同じだというんですね。これは非常に面白いと思うんですがね。

小此木　今のことについては二つのことが考えられます。結局、そのポジション（態勢 position）という考え方、あれを具体的な生後何ヵ月とか、本当の意味での発達のプロセスに当てはめていくと、フロイディアンからいえば、クライニアンの考え方というのは、どう考えてもちょっと、理論的には適格性を欠くんです。たとえば、生後三ヵ月の子供があんなふうなことをいろいろ体験するといっても、心理学的にはちょっと説明できないですよね。それで、むしろ大人でも子供でもいいんだけれど、人間の心の中に普遍的に存在する、あるいは働く、そういう一つの心の動き方の原型、ここでいっている原型はユングのいっている元型とどういうふうにかかわるか、ちょっとわからないけれども、むしろそういうものをそこに考えたほうがいいんじゃないか。だからポジションというものを発達段階というよりも、まさに野球でいうポジションのように考えるわけです。人間の心が今、一塁にいるとか二塁にいるとか、だから今、分裂ポジションにいるとか、きのう抑うつポジションにいたとか、そういう使い方のほうがピッタリいくと思うんです。それだったら了解しやすいんです。そういう議論が、われわれのグループの中で一つあるんです。

河合　ええ、だからやはり、クラインは、ユングのいっている元型とかと非常に似たところをつかまえているんじゃないですか。ただ、その表現がちょっと違うんじゃないでしょうか。たしかに小此木さんがおっしゃるように、生まれてから三ヵ月のことをいうのは、ちょっと無理がありますね。

小此木　ここでフロイディアンとクライニアンをいちおう区別して話しますと、フロイディアンがアメリカに行って、自我心理学、具体的にはスピッツだとかマーラーだとかの、非常に実証的な幼児観察（infant observation）をやる方向というのがありますね。ああいう流れが一つ、フロイトの発達論とつながっていっていいんじゃないかと思うんですけど、ああいうふうな研究をしている人たちからいうと、クライニアンの考え方は、あの年代にとてもそのままは当てはめられないわけです。

似たような現象が観察できるのは、もっと後になってからですよね。後になっての子供だったらいいわけです。何ヵ月早すぎるとか遅すぎるとかいう問題としてとらえる考え方の方向は、今後も発達心理学として重要だと思うけれども、もっとファンダメンタルにとらえるとすれば、今いったように、一塁、二塁で止めて、そのポジションが子供の何歳に出てくるかというほうがいいと思うんです。そうなると、ユングの元型の考え方と非常に似てくると思うんですが、ここでちょっと、その元型ということをご説明いただけませんか。

2 元型

河合 これがなかなか説明が難しくて困るんです。だいたいユング自身も混乱しているといっていいんじゃないですか。私の受け止めている元型というのはわりあい単純であって、元型そのものはわからないんだということです。元型そのものは意識されることはなくて、人間は元型的なイメージをいろいろと意識する。ところが、その元型的なイメージをいろいろと取り上げていくと、それらの背後に一つの型を予想していいんじゃないだろうかと思うんです。たとえば、父親の元型というものがあるとして、われわれはそれを見ることはないにしても、父親の元型のイメージを私の父に見たり、ユングに見たり、あるいは師匠に見たりするということはある。ところが、私がその師匠に恐れを感じたり、父親に恐れを感じたりする、その元みたいなもの、共通因子というのはどうしても予想される。それに元型という名前がつけられていると私は思うわけです。

　そして、なんであれ、元型的なものとして表れてくるものには、すごい力があります。父親なら父親がユングのいうような意味における元型的な意味あいを持って出てきた場合には、ものすごい迫力があって、抵抗しがたい恐れを感じさせたりするんです。そういうときにユングは、いちいち「元型的なイメージ」というのはうるさいということもあって、元型そのものみたいな書き方をするわけです。それでよく誤解が生じてきたと思うんですけれども、私は、ベイシック・パターンみたいな言い方をしてもいいんじゃないかと思っています。

小此木　なるほど、ベイシック・パターンですか。

河合　先に述べたストーは、それは鋳型みたいなものだが、鋳型の形は一種の弾力性を持っていると書いていますね。それがなんらかの実際的な形態を持って、われわれに意識化されるときは、その状況に応じて少しずつ変形される。元型のほうは変形可能な鋳型であるというような、非常に微妙な言い方をしています。

小此木　しかしユングは、ヴァリエーションはあるけれども、ヴァリエーションもある種のパターンの中にあると……。

河合　そうそう、そういうことですね。

小此木　そういうものは、神話だとかいろんなものの中にもあるんじゃないですか。

河合　だからユングにいわせると、別に新しいことをいっているわけじゃないくらいのつもりじゃないでしょうか。そして、そういうベイシック・パターンというものは、人間として本来的に持っているというようなことを書きますと、獲得された元型的なイメージが遺伝される、そんなバカなことはないというような批判を受けるのです。

小此木　以前、三浦岱栄先生が、ユングのいう元型が脳のどこかにあると、アメリカの脳生理学者がまじめに研究しているが、君どう思う、と聞かれたことがあるんですが、そこまで行かないとしても、どこかにやはり共有されているわけですね。

河合　ユングがよくいうヌミノース、元型的なイメージが持つすごい力っていいますか、それを非常に強調したい場合、ユングはどうしても実在的な言い方をするわけです。

元型を実態化するとして、そこが批判されるところだと思うし、また、私が話したようにあまりわかりやすくいうと、ユングのいいたい勢いみたいなものがなくなることもあるというわけです。

小此木　いいたいことをいうとき、非常に具象的な言い方をしないではいられないというか、その説得力というか、それがまた、ユングのある種の持ち味ですね。しかし、初期のクライン、一九三〇年代ですか、『児童の精神分析』なんかを書いているころのクラインは、非常に生々しい原光景を具体的に描き出していますね。やはり、あの迫力がクラインらしかった。それなんかに一脈通じるものがありますね。

河　合　そうそう。

小此木　フロイトは一九一六、一七年の『精神分析入門』の中で、原空想、ウール・ファンタジー（Urphantasie）という言葉を使っているのですが、これはユングとかなり深い関係にあるんじゃないかと思うんです。というのは、最初、フロイトは患者さんが回想するいろいろな性的な体験というものが事実の記憶だと思ったのですが、一九〇〇年ころには、これは半分は患者の空想だ、というふうに変わってきた。そこでいわば、性欲動論が出てくるのですが、さらに進むと、どの患者も共通して、ある空想の類型性を持っているということを問題にしたのです。

そういう意味でいうと、エディプス・コンプレックスというのは人間に遍在している一種の共有された幻想だ、だからそれは、個体発生的なものというよりはもっと系統発生的なもので、原空想、ウール・ファンタジーというのだ、とフロイトも言葉でいっています。こういう考えをフロイトがいうようになったのは、一つにはやはり、さっき申しあげたユングからの取り込みがあったんじゃないかと思うんです。

河合　なるほど、ユングのね。

小此木　ユングとフロイトが別れたのは一九一一年ごろでしょう。別れた後でフロイトが、それをそういう形で取り入れたんじゃないかと思うんです。ただ、フロイトはウール・ファンタジーの考え方を理解の中心にすえて発展させるということはやっていませんね。あくまでも自我・超自我・エス以上のものにはしないで終わっています。

河合　ユングはむしろ、幻想を中心にすえて、もっぱらそこを語るわけです。さっきも申しあげましたように、分裂病の人が患者だったということも大きいと思います。その人たちが語る内容が非常に深い部分から出てくるから、どうしてもなかなか生活史的に了解できない……。

小此木　分裂病の場合、退行といっても、個体発生的な退行だけでは説明がつかないので、確かに分裂病のその面を説明するには、ユングの考え方のほうが妥当性があるといえるんじゃないでしょうか。

河合　ユングとフロイトの往復書簡を見ると、その議論がなんべんも出てきますね。同じことをいっても、フロイトはノイローゼの体験からいい、ユングは分裂病の体験からいってくるのですから、お互いの話がすれ違うわけです。

小此木　そういう意味で面白いのは、フロイディアン―自我心理学という流れが、最近ではアメリカで分裂病理解には、非常に勢いを失っているんです。自我心理学になると、薬物療法で分裂病患者をサポート（支持）するような形の結論が出てきますよね。それでアメリカの分裂病精神療法の援軍みたいになっているのは、イギリス学派、クライニアンなんです。というのは、クライニアンの場合、さっきの話のパラノイド・ポジションのような類型化された精神病理の現象がよく見えるわけです。だから、分裂病の人には有力な理解の方法になる。これはさっきの元型と非常に似た問題があるんでしょうが、そのよく見えるという反面、患者さんの個別的な生活史が抜けてくるという問題が残りますね。

フロイトが、神経症の症状を理解するときに、ティピカル・シンプトーム（定型的症状　typical symptom）とインディヴィジュアル・シンプトーム（個人的症状　individual symptom）を区別するということをいっているんです。前者は『夢判断』でいうところの類型夢のようなものの研究と同じなんですが、今の元型の問題もそこにつながってくるんじゃないでしょうか。

河合　そうですね。だから、ユングはユングなりに元型というものを出しているわけだけれども、それだって非常に大雑把《おおざっぱ》なものですよね。患者さんの夢にしろ症状にしろ、その人にとって個人的なことと、ティピカルなことの両方背負っているのですから、われわれはやはり、その両方を見なくちゃいけないんだけど、どうしても自分の好みに従って、どちらかのほうに重点を置いてしまう傾向がなきにしもあらずですね。

3　力動論

小此木　ところで、ここで話題を少し進めますと、フロイディアンでいう場合、心の構造論に続いて出てくるのは力動論なんです。要するにコンフリクト（葛藤　conflict）というのが主題なわけです。これまでの話でいうと、意識と無意識の葛藤、抑圧するものとされるもの、自我とエスの対立、つまり人間の内面で互いに対立して抗争する力が働くというのです。そしてフロイトの場合、常にコンフリクトが中心なんです。ところが僕の理解では、今の心の構造の働き方というものが、ユングとフロイトではかなり違う。フロイトにおけるコンフリクトに相当するものは、ユングの場合、相補性というのでしょうか。

河合　そう、コンペンセイション（補償　compensation）ですね。

小此木　そこのところの違いが、ユングとフロイトの人間観にも、治療観にも、かなり違いとなっているような気がするのですが。

河合　本当にそう思いますね。そしてフロイディアンの場合、そうとう精密にやっていますね。

小此木　ただ、精密であるがゆえに、その理論を実際の治療に適用していく場合には、あまりにたくさんのコンフリクトがあるために、いちいち、どこのところをやっているかということはとてもできないのです。そうすると実際の治療では、おおまかに考えてやっていくということになりますね。ユングの場合にはやはり、心の構造という場合にはなにか自動調節というか、お互いがうまく調和しあうように……。

河合　そうですね。そういうところに、両者の違いは非常に出ているんじゃないですか。

小此木　フロイディアンの場合は、治療の出発点において、無意識を無理にでも頑張って意識化させようとするが、患者はそれをしたくない、それが抵抗で、それを取りはずしていく力というような考え方が、かなり強く基本概念みたいにありますね。

河合　だから、抵抗分析という言葉は、ユング派ではあまり使わないですね。しかし、葛藤というのを意識化して、それを克服してこれだけのことをやったというか、これだけ意識化していったというか、そういうように段階的に説明していくという点では、フロイト派のほうがわかりやすいのではないですか。はっきり押さえていくとね。ただユングの場合は少し図式的にいえば、たとえば影なら影の問題をやっているとか、アニマの問題をやっているとか、そういう言い方はできますね。

小此木　今までに何回か河合さんとお会いしたり、研究会なんかに一緒に出させていただいて思うことは、ユングの場合は、コンフリクトとしてとらえるというよりも、なにかコンペンセイションとか自動調節とかいうような方向でとらえていくというように、理論そのものが、もっと治療とそのままつながっているように思うのです。

河合　ユング派の中でも、特に私がそうなのか、そこにもう一つわからないところがあるんですね。私が東洋人だから東洋的な……。

小此木　ユング日本教的な……。

河合　ええ、そういうところがあるんじゃないかとも思います。だから、私の次の世代の人が向こうへ行って、かっちりやってきた場合、また同じような批判が起こるかもしれませんね。私がやはり日本的すぎるというか、そういう感じは持っています。ユング派の堅い人がやれば、もっとユング的なメリハリのつけ方はありうるとも思っているんですが。そのあたりは私もちょっと明確には言いがたいところもあるんです。それでもやはり、今まで話し合ってきているような、ユングとフロイトの差はある程度あると思いますけど。

4　発達論

小此木　発達論なんですが、フロイトのほうはかなりいろいろな理屈と観察があるわけです。ユングの場合にはいかがなもんでしょうか。

河合　ユングの場合は、どうしても一番関心のあったところは、さっきからいう普遍的無意識の話ですね。だから、子供のときからの、クライン流の発達的な幼児期の体験と結びつけて、こういう段階を経てできあがってくるというような見方よりは、大人の無意識の今のあり方を問題にするわけです。そうするとどうしても、クラインでいうポジション的なものを元型としてとってしまうんで、発達論のところが薄くなりますね。

小此木　極端な言い方をすれば、成り立ちよりも、現在どういうふうに表れているかということのほうが重要なわけですね。

河合　その表れているものを普遍的無意識との関連で見ていくことになると、その人の個人的な体験ということとはあまり結びつけないことになるのです。個人的な発達の経路に関しては、ユング自身もう一つ、あまり語らなかったといっていいでしょうね。

小此木　これは僕自身が若いころ方法論的に悩んだ問題ですが、現在、患者さんとの接触の中で力動的に理解されているいろいろなものを、フロイディアンの場合は、それをいちいち全部、発生的な言葉に翻訳しなおすでしょう。それが本当にそうであったかのように了解するわけですね。だけど、あるときからそれが納得できなくて、僕は僕なりに現在の治療関係の中の動きとして理解するということがまず優先的にあって、発生的な問題は、それを基準にしたところで個別的な意味が理解できるものは理解していくという二段構えに考えたほうが方法論的によいと思ったのです。

　治療技法としては、そこでライヒが出てくるのですが、それはライヒの中心が状況分析だったからなんです。つまり、現在の治療者―患者関係に起こっている力動を理解して、そこで現在の患者さんの心の動き方のパターンを把握するということを、まず患者にもインサイト（洞察）させ、それを手掛かりにして過去にさかのぼるという方法ですよね。それならば、わりあい納得しやすいですよね。

　フロイトを勉強する人は、あまりにも実際の発達と結びつけて理解しなけりゃならないというふうに思うため、そこが納得できないとつまずきが起こるんです。その点、クライニアンのポジションの考え方でも、今のような方法論の問題を割りきっていくと、わりあい受け入れられてきているんですが、そのあたりについて、ユングがフロイトから離れていくとき、なにかそういうフロイトに対する方法論上の議論とか批判はあったんでしょうか。

河合　方法論的にユングがよく強調しているのは、これはアドラーもいっているわけだけれども、現在の状況を過去にさかのぼって見るだけでなく、未来との関連で見るのと両方あるということです。それと、過去のことと結びつけていく場合でも、たとえば親父に怒られたときでも、それを外傷体験として自分の中に引き入れる人と、外傷体験にならない人とがいる、という問題があります。

そこで、外傷体験となった父親との経験を深く追求していくと、そのときの経験がどうのこうのというよりは、その背後に存在する、さっきいった元型にまで問題が通じてくるのじゃないだろうか。それとももう一つは、たとえばある人が自分の上司といろいろ問題を起こしているという場合、それを過去の父親との関係によって解釈するだけではなく、その人にとっての父親像というものが未来に向かってどのように変革されようとしているのかという視点から考えたほうがよいと思う。

このような点にユング派の特徴がありますが、ただ、過去にさかのぼって丹念に調べるということを、もう一つ詰めてやっていないという欠点があるように思うのです。ただし、心理療法の実際の状況としては、なかなかそういう発達的な筋道とぴったりあって、それによって治療が進むということは少ないように思われますが。

小此木　そういう意味では、ユングの場合、極端な言い方をすれば、個体発生的な発達論というものは、そんなに無理につくりあげる必要はなかったわけですね。

河合　そうですね、つまり普遍的なことに還元しますから。そして、自我の発達の図式なんかになると、やはりすぐ神話と結びつけますからね。神話論的になるんです。ユングの弟子のノイマンなどがそうです。

小此木　その点はフロイディアンの場合、非常に細かい。青年期の問題も前期、中期、後期それぞれ非常に細かいし、幼児の場合でも、それこそ何歳何ヵ月くらいのところまで、一つひとつ発達診断的に見ていくので、精神医学の臨床としての現象把握の場合にはフロイディアンの場合、発達理論は非常に有意義な問題を持っているといえますね。

河合　発達論が弱いというのは、ユング派を批判する場合、一番大きな論点ですね。

小此木　それは逆にいうと、治療理論としての、ある意味での効率のよさですね。ここで、いわゆるブリーフ・サイコセラピー（brief psychotherapy）のことを考えてみたいのですが、ブリーフ・サイコセラピーの問題を考える場合、期間、回数を短縮、効率化しようとするとき、一番大きな問題は、やはりそういう面の類型的なものを早く患者に見つけて、いちいちそれを全部、個別的な生活史の話としてとらえる手数をへらし、過去のパーソナリティの形成そのものにまでつなげない、ということですね。そういう治療方法が今、私たちには大きな研究課題となっています。

河合　実際の場合、ブリーフじゃなくて、長く徹底的にやる場合には、発達的な段階を追えるという感じはありますか。あるいは自分が体験された場合でも、そういうのがひろえますか。たとえば今は口唇期だとか肛門期だとか。

小此木　ええ、それは非常に細かく問題にしていっているように思います。治療者への転移(1)と、そこで回想されてくる患者のフロイト的な発達の中に出てくるものが、うまく一致するように治療が進んでいくことが、治療技術としては、一番重要な問題だと思います。そのあたりがフロイトとユングの治療のプロセスとか技法の違いの一つになるんでしょうね。

河合　そうでしょうね。そしてフロイト派のほうが、相当、明確な筋道というか、段階があるといえるんじゃないでしょうか。

小此木　もう一つは発達という問題が考えられるときに、フロイディアンの場合、欲動(drive)とか本能(instinct)というものと、超自我とか自我をはっきり対立したものと見ますね。ユングの場合、人格の中で自覚的な自我とか道徳的なものとかと対立する欲望のようなものの概念、欲動というような概念はあるのでしょうか。

河合　あります。それはやはり同じですね。

小此木　その場合、やはり性欲動のようなものの発達段階などはあまりいわないのですか。

河合　それは、アニマ像の変遷とかアニムス像の変遷というような考え方がありますから、そのあたりでよく似てくるのではないですか。あるいはグレート・マザー(万物を育てる偉大なる母。男性が自立する際に乗りこえるべき対象となる）と自我との関係の変遷ですね。そういうのとフロイトのいっている発達段階というのは、相当パラレルにいくような感じもあるんですけど。ユングは神話的な表現を用いるわけですが、たとえば、ウロボロス（自分の尻尾をかんで輪状となったヘビ）なんていって、まあ混沌の状況が出てくるわけですが、これは、フロイディアンのいう、自己愛的な段階とパラレルになるんじゃないでしょうか。もう一つ、グレート・マザーに対する子供の依存性などは、口唇期的な状況に対比される、そういうふうにも思いますが。

小此木　ただ、その場合、セクシャルなドライヴの変遷というよりも、元型の変遷ということですか。

河　合　そういっていいかもしれません、たしかに。ところで、たとえばフロイト派で原光景というのがありますが、この原光景という事実があると思うのですか、それとも心理的現実ととっているのですか、今は。

小此木　もちろん、サイコロジカルなリアリティとしてとっている部分のほうが大きいでしょうね。ただ具体的な体験事実として、たとえば三歳とか四歳のものが表れてこなくても、小学校の何年生のころとか思春期の初めとか、いろいろなところでそういうものを経験しますね。そういう個別的な経験の回想を媒介としてウル・ファンタジーが問題になってきます。去勢、親からの性的な誘惑、それから原光景、この三つがウル・ファンタジーの一番大きなものとしてあげられますからね。

河合　そのあたりのところは、ユングがグレート・マザーとの関係で提出するものとほとんど同じように感じられますね。グレート・マザーに呑みこまれるというイメージは、カストレーション（去勢）、親からの性的な誘惑につながってきます。それで、さっきのところはこうもいえますか。つまり、原光景、その他のことが具体的にあった、なかったというよりも、あったものとしての体験というかな、自分は体験していないが、他人のことか、だれだれに聞いた、というようなこととして存在しているというふうにいえますか。

小此木　いや、やはり実際のものを回想していくという形を取る、それによって自分のものになっていくということが大きいんじゃないでしょうか。

河合　つまり、私自身のものであって、他人のものではありえないということでしょうか。

小此木　そういう意味だと思います。それを想い出してくださいということは、そういうことではないかと思いますけどね。

河合　想い出してくださいと聞く場合、その人が想い出すのはさっきのポジションではないけれど、一塁なら一塁に立ってみていっている、二塁なら二塁に立ってものをいっていると、そういうことになりますかな。

小此木　何が出てくるかっていうことですよね。

河合　そういうふうにいうと、非常によくわかりますね。そういうふうに思うかぎり、フロイトとユングは僕にとってはだいぶつながってきますね。そういう見方でフロイトを見るのはいけないのかな、と思うことがあるんですが、そうではないですか。

小此木　そのへんが微妙なのは、フロイト自身がそうであったのか、私がそうであるのかということですね。

河合　さっき、ユングは元型的なイメージと元型とを一緒にしてしまうことがあったといいましたよね。そして、そこが非難されているわけだけれども、そのくらいのものがないと、自分のものにならないんじゃないでしょうかね。ですから、フロイトにとって、性のいろいろな事実はやっぱり絶対事実であると、そういきるだけのものがあって、やはり自分のものになったわけですよ。そして、ユングの場合でもフロイトの場合でもそうだけど、それを理屈だけでわかるということは、非常に危険なことなんだと思うのですが。

小此木　そうですね。だから、フロイトがフリースと自己分析を始めたとき、汽車の中でお母さんの裸を見たとか、二歳半のとき、おねしょをしてお父さんとお母さんに叱られたとか、そういう非常に具体的なことを想い出したわけなんですが、それがフロイトにとっては患者さんのことではなくて、自分のことになったというんでしょうか、そういうことがあったと思うんです。

河　合　なるほど、実際そのあたりは後から学ぶ者の悲劇というのか、かえって知的な理解が先行しすぎて自分のものにならないというのか、そういう感じもするんですがね。

小此木　本当にそう信じていることと違ってきますからね。フロイトは、その入門の中で、マテリアリスティックなリアリティ（物的な現実　materialistic reality）とサイキックなリアリティ（心的な現実　psychic reality）をはっきり分けていますけれども、むしろサイキックなものがマテリアリスティックに体験されるからリアリスティックになってくるというか、リアリティというものには、そういうところがありますね。患者にとってはそうだという体験になっているんですからね。

フロイトの中の問題として子供と大人ということがありますが、結局、フロイトの二つの流れがそこから出てきていると思うのです。一つの流れは、アメリカへ行って、自我心理学の流れ、つまり客観的な経験、クライン的な言葉を使うとエクスターナル・リアリティ（外的現実　external reality）ですね、それを重視して、それに対比するものとして、主観的なサイキック・リアリティを考えていくというふうに、まず枠組み（frame of reference）をつくって、その枠組みで患者を診ていくわけです。結局は適応理論ということですね。それと、もう一つ、クラインのようにサイキック・リアリティをすべてと考えて理論を立てていくという、フロイディアンの中にはっきり二つの流れが出てきていると思うんですけれども、クラインがフロイトとユングの中間というのはそういう意味なんでしょうね。

河合　そうです。ユングのほうは徹底的に、内的な現実でしょう。内的な現実だけ語って、外的な現実はいいませんからね。たとえば、事例について述べるときなんかでも。

小此木　だから具体的にいうと、その人が実際にどういう親子関係があったかということを事実的に調べるとかいうことは意味がないわけですね。

河合　ほとんどないですね。患者さんの内的な現実がどのように変遷していったかということが書かれているんだけれども、極端な場合には、それによって、その本人の外的現実がどういうふうに変わったかということは一切書いていない。その人が幸福な結婚をしたものやら症状がどうなったものやら、一切書いていません。それはもう徹底していいます。すごいものですよ。

小此木　なるほど。それで思うことは、イギリスの精神分析は同じようにそういう傾向があるんですが、アメリカの精神分析はもっとずっとメディカルで、精神医学と非常に密着していて、今のお話とはまったく対照的な面を持っています。診断上、実際の生活史や家族関係を調べるだけでなく、患者の職業的能力がどれくらい回復したかとか、夫婦関係がよくなったかとか、患者さんが持っているいろいろな問題が、治療をやってどのくらいよくなったかということが絶えず問題になってくるんです。これに対して、イギリスの精神分析はユンギアンに非常に似ているんじゃないでしょうか。

河合　そうですね。

小此木　それが治療の請け負い方とも関係してくると思うのは、日本のわれわれとかアメリカの精神科医だったら、患者がどれだけよくなるかということで治療というのは決まってくる。極端にいうと、何年かかっても治らない人もいるわけですね。何年かかっても治療するというわけです。ところがイギリスの分析医の場合だと、精神分析でやれるものは、極端にいうと、客観的な治癒、たとえば幻聴が消えたとか、異常行動がへったとかいうことではなくて、その人を、たとえばパラノイド・ポジションからデプレッシヴ・ポジションまでどれだけ通過させたかということで、その結果がどうであるかはわれわれの仕事ではないという立場もありうるわけです。

河合　それがもっと極端なのがスイスのユング派ですね。スイスのユング派に比べるとロンドンのユング派のほうがまだしも臨床的なんです。ロンドンのユング派はクライニアンともフロイディアンとも、ずいぶん交流があるようです。お互いにディスカッションして影響しあっているんで、ああいうふうになってきたんじゃないでしょうか。ところで、内的現実に注目するという点でいえば、ユング派にもそれなりの発達論はあるんですね。

小此木　それはどういうことですか。

河合　つまり、零歳から一歳、二歳、三歳にどうなったかということではないのですが、四十歳から死ぬまではずいぶんあるんです。

小此木　それをもう少し具体的にいうと、どうなりますか。

河　合　つまり、四十歳の人間が内面的にどういう象徴の世界を体験して、そしてどれだけのインテグレーション（統合）をもって死んでいくかということを考えるわけです。だから、中年以後の内的な発達論があるということになります。そのような発展の段階を内的に経験していくことが、ユング派の分析では大切なことなのですが、私はいつもいっているんですが、分析ということといわゆる治療ということ、それからもう一つ、夢の分析ということは少しずつ違うんじゃないかと思うんですよ。

5　心理療法

小此木　分析と治療ということはだいたい今までの話でわかるのですが、夢の分析というところはどうなのですか。

河　合　たとえば、私が何かを夢に見るでしょう。ところが、夢を基に自由連想してもよいわけです。で、自由連想がずっと発展していって治療が行われた場合、それは夢そのものの意味と違うかもしれませんね。違うかもしれませんが、治療は成功するわけです。だからといって、そのことで夢の意味が明らかになるのではない。

あるいは、相当な意味深い夢を見る人がいたとします。そのとき、私なりに相当考えたりしても、連想を聞くと私のつかんでいる次元とは異なる表層的なところで、その人は自分の個人的な体験と結びつけて、理解してしまうことがあります。それはそれで治療的な意味を持っているわけですが、夢の意味ということになりますと、もっといろいろいえるはずです。ところが、治療的なことに重きを置こうとすれば、私はそれ以上のことはいわないほうがいい。ただ教育的に考えますと、もっと突っこもうかとかいろいろ考えるわけです。

ですから、夢の意味ということと、治療ということと、分析ということとはちょっとずつズレているんで、そのズレを、私らは相当、意識しなきゃならんと思っているんですよ。私は相手によって変えているわけです。つまり、教育分析をやっている場合と、その人の症状が早く消失してほしいという場合と、少しずつポイントを変えなければいけない。

で、治療のことをもう少しいってみますと、洞察のない治療というのが一番手っとり早くいくんじゃないかと、私は思うのです。

小此木　洞察のない治療というのは。

河　合　ある人が父親なら父親のことを問題にしはじめたとするでしょう。そのときに父親の悪口をワーッといいますよね。そうすることによって、父親に対する自分の感じとか、今までの態度とか、少し変わりつつあるんだけれども、それであなたは前はこうであってこう変わったということをはっきりと、われわれが洞察させようとすると、たいがい抵抗が生じるんです。その一歩手前のところのほうが、早く症状がなくなって、おさまってしまう気がするんです、私の経験では。ですから症状がなくなって、早く喜びたいというような人には、こちらは解釈を控えるわけです。

私の心の中には当然、解釈はあります。そうでないとプロセスは読めませんから。私はプロセスを全部読んでいて、私の読んでいるように進んだ場合、この人はこういうであろうということをいっている場合は、それに対して解釈しないわけです。そして、そのほうが早く片づくような気がするんですがね。

小此木　それをフロイディアンのほうからいうと、やっぱりエモーションをリリースするということもあるでしょうが、もう一つは一種の転移性の治癒、トランスフェランス・キュア（transference cure）のようなことなのでしょうか。

河　合　いや、転移性の治癒ということとは違うんです。転移性の治癒ということはしょっちゅうありますけれども、それとはちょっと違います。

小此木　どういうことでしょう。

河　合　やはり、ユングの考え方ではないですけれども、人間の心というのはうまくいけば自己統御的に動いているわけでしょう。そして、その自己統御的に動いているからくりまで意識せずとも、ノーマルな人というのは……。

小此木　自己統制的なからくりがノーマルに動き出すようにするというわけですね。

河　合　ノーマルな人は、いってみれば、ほとんど意識しないわけです。われわれがノーマルといっている人たちは、わかっていて、洞察していてノーマルなのではなく、ノーマルに動いているからノーマルと思っているだけでしょう。だから、その逆にわれわれが体験するのは、症状のない人が教育分析を受けると、症状を出すことが多いですよね。ですから、ノーマルに機能するということだけを目標にするわけです。

小此木　いわば、治療学でいえば、一番理想的な治療というのは、患者の自然治癒力を高めるということになりますね。

河　合　そういうことです。それを最大限に利用していくということですね。

小此木　治療者の役目は、それを妨げているものだけを除いてやるという、そういうことと同じなわけですね。

河　合　私はもっぱらそれに力を注いでいるわけです。しかし面白いことに、たしかに、そういうことを意識化しないと治らない人がいることも事実ですね。

小此木　精神療法家が薬物療法を使う場合が、それに似ていますね。つまり、不安が強い場合とか、ある症状が取り除けないために症状が出てくる場合、ある程度、トランキライザーか何かを使ってそれを鎮めて、一方で話を聞くと、それだけで非常によくなる場合がありますよね。ただその場合、内科医などがただ薬を使うような意味とは違って、こちら側がサイコロジーを知っていながら使わないとダメですよね。

河　合　そう、こちら側がわかっていなければいけないと思います。こちらとしては、この人はどの程度のことが行われてここまでいったかということを知っているわけだけれども、その人にはいわないというようにね。ただ、さっきもいいましたように、はっきり意識化してやっていかないと、いつまでも症状が残る人もいますね。

小此木　逆に、それを意識化させようとすると、そこで混乱が起こったり、とらわれたりする人もいるということですね。それで、今のことに関連するんですけれども、フロイディアンの場合、非常に優れた診断能力というのがありますね。ユンギアンの場合は、その見立てというのかな、そのあたりはどうですか。

河　合　やはりユング派的な見立てはあるんじゃないでしょうか。ただ、いわゆる一般的な意味の神経症の分類とか、そういうものはほとんど問題にしませんね、ユングは。私はやっぱり問題にしたほうがいいんじゃないかと思うんですけれど。

小此木　それは今の話でいうと、治療的なオリエンテーションをつけるという意味の見立てですね。

河　合　そうです。

小此木　かなり河合さん独特なものがありそうですね。

河合　ええ、今のは私のことで、ユング派ではありません。いや、外国人のユング派はもっとメリハリをきかせて、意識化させようとしますよ。さっきの話に関連させると、外国人の場合は、意識化させないとダメなんじゃないでしょうか。さっきの意識化させずにやっていくというのは、私は日本人の場合だけだと思います。私は外国人の分析をしたわけでしょう。外国人の場合、ちゃんとこちらが解釈してやらないとダメですね。私がさっきいったような解釈せずに流しながら、うまく自己統御させていくという方法は通じないですね。

小此木　前に河合さんの研究会に出させていただいたとき、どういう場合に夢の分析までやるのかということで、僕の出した治療のケースをめぐって議論が出ましたよね。あれにはどういう基準があるわけですか。

河合　やはり、その人を動かしている問題が非常に深い場合は、もういたしかたないということもありますね。夢をやるしか仕方がないという場合がありますけれども、その場合でもある程度エゴ（自我）の弱い人は、危険性を感じるときはやりません。

小此木　エゴが弱いというのは、自己統御能力が弱いということですか。

河合　それとやはり、その人の意識的な把握力とか思考力とか、そのようなものも含めます。それで、難しい人の場合には、いわゆる夢の分析とか、治療というのをやらなくても、ただ会っているだけでも、ある程度、よくなっていきますよね。私はそのほうがよいのではないかと思うんですがね。そういう人も私の場合にはあるんです。ですから、治療の際に夢分析を用いるか用いないかなどと、私は分けているわけです。

注

（1）転移（transference）　特定の人に対する過去の感情を、これとなんらかの意味において類似点を持つ第三者におきかえる、感情についてのおきかえを意味する。その原型となるものは、幼児期における両親に対する小児的感情を、なんらかの点において両親をしのばせる第三者におきかえる現象に見られる。転移には陽性と陰性とがあるといわれ、前者は、信頼、友情、憧れ、讃美、恋愛など取り入れが起こりやすいもので、後者は恨み、非難、にくしみ、反抗、敵意など破壊的なものであるが、本来、転移には両者が潜在し、アンビヴァレントで、状況の変化にともなってうつろいやすい。そして、精神分析療法において、患者の治療者に対する態度、感情、考え、特にその転移に対して生ずる治療者（分析医）の無意識的な反応（態度、感情、考えなど）を、逆転移（counter-transference）という。フロイトはこの転移の成立を精神分析療法のもっとも基本的な要請と考えていた。

第四章　夢を語る

1　催眠療法から自由連想へ

河合　ユングもフロイトも催眠を出発点にしていますね。しかも、どちらも催眠をやめるでしょう。非常に面白いことだと思うんですが、フロイトは催眠をやめる理由を述べているのですか。

小此木　ええ、いろいろといっています。エリクソンは、フロイトが催眠を放棄したということが精神分析が誕生した非常に決定的な展開点だといっています。一般的にいいますと、フロイトが催眠を放棄した理由は、第一に患者さんにも催眠がかかりやすい人と、かかりにくい人がいるということ、第二は転移という問題、つまり陽性の転移がある間は催眠効果が続くけれど、医者との関係が変化すると治療効果がなくなるという問題、そして三番目に、フロイト自身が催眠という方法を好きでなかったということがありますね。

河合　非常に傑作な話なんですが、ユングは若い医学生の指導をしていて、足の動かない患者さんに、治療の意味ではなく催眠をかけるんです。催眠とはこうやるもんだということですね。ところが催眠から覚めたら、足が動くわけですよ。ユングは実はびっくりしてしまうんですが、催眠によってこういう治療もできるとごまかすのです。しかし、しばらくしたら再発してやってきた。ユングが大学で講義するということが新聞に載ったんです。自分はそういう有名な人の患者でしょう。ここに母、息子関係の転移感情がはたらいているのです。もう一度かかりたいとやってきたわけですね。つまり、転移ということが背景にあってこそ、催眠療法は行われたわけです。

小此木　フロイトも似たような経験をしています。エミーという夫人に催眠療法をやってよくなったんです。一年ほどしてエミー夫人が今度は娘をよこし、娘は非常に悪い子だから少し戒《いまし》めてもらいたいというわけです。フロイトは夫人のいうとおりにはしないで、娘さんの正しいところは正しいと認めてやったわけです。そうしたらエミー夫人はそのことでフロイトに不満を抱いたんですが、そうこうするうちにしばらくして再発し、他の医者に行ってしまったんです。やっぱり転移のほうが催眠現象より広い概念なんですね。

河合　フロイトが催眠療法をやめてから自由連想を生み出すまでは、いろいろ変遷があるでしょう。

小此木　ええ、催眠カタルシスをやめて、ベルネームという人のやり方を真似たフォアヘッド・メソッド（前額法　forehead method）をやるんです。額に指を当ててやるとなんでも思い出せるということで、暗示的な要素と強制的な要素とがあって、それで抵抗を克服させて思い出させるわけなんです。ところがそのうち、患者さんが、先生は少し黙っていてくれないか、いろいろ頭に浮かんできても、先生があれこれ質問するのでそっちに注意がいってしまい、浮かんできたことをそのましゃべれない、というのです。それが、自由連想のほうがよいと思ったきっかけです。だいたい一八九三年から九六、九七年の間に起こったことです。

河合　ユングは非常に早くから夢に注目して、いろいろ使っていたようですね。催眠は今いったように転移が問題になって使わなくなり、以後はもっぱら夢と能動的想像《アクテイヴ・イマジネイション》ですね。これは自分の心から出てきたイメージと空想の中で対話して、それを筆記するんです。意識の力が強すぎると自分の意識したことしか答えないので、対話は全然面白くない。ところが非常にインヴォルヴ（巻きこむ）しだすと、対話の中でイメージが、思いもかけないことをしゃべり出す。さらにインヴォルヴしすぎると書けなくなるわけで、そのちょうど中間を狙わなければいけないから、なかなか難しいです。はじめは安物の作文みたいですが、うまくやると動き出して、相当深い体験までいきます。

晩年のユング（亡くなる少し前）

小此木　それと似ているのは、フロイトが夢判断の方法として書いているところでいっているることですね。つまり自分の夢を思い出すとき、二つの基本的態度があって、一つはその夢に注意を集中すること、もう一つはその夢の各要素について浮かんできたことを批判・選択しないでなんでもそのままに思うことなんです。この二つが同時にできる状態、つまり半ば現実を離れて、しかも言葉にする努力はしていなければならない、ということですね。

河　合　ユングの場合は、それを絵に描くとか、彫刻にしてみるとか、創作的なことをすめます。

小此木　夢を治療で扱っている場合、個々の要素を連想するというのが、フロイトの夢分析の特徴なんですが、そのとき、顕在夢の要素を全部ばらばらにする方法と、定型夢から象徴解釈するという方法の二つがある。ですから、治療のとき、自由連想の流れがあるところで夢が語られた場合は、個々の要素をいちいち取り上げなくても、だいたい夢の意味がわかるということで、「ここからこの夢を解釈しましょう」とか「夢を話して下さい」とか、あまり積極的にはいいません。自由連想の中で夢が出てきても、他のいろいろな事象と同じレベルの意味を持つものとして扱うんですが、ユンギアンの場合にはかなり夢が中心ですね。

河　合　ええ、もうもっぱら夢です。夢を記録して、分析家のために一枚コピーして渡し、その夢を読んで、お話をするのです。

小此木　自由連想といっても、ある意味では自由連想ではないわけですね。

河　合　ええ。ただ夢から離れてもかまわないわけですし、夢以外のことをしゃべる人もずいぶんいますが、夢の分析が中心になっていますね。

小此木　夢判断の二つの方法、つまり、さっき申しました個別的な方法と類型的な方法、そのあたり、ユングの場合はどうですか。

河　合　そこでやはりユングの象徴論が出てきますね。ユングは夢に対する連想に加えて、

晩年のフロイト（82歳）。1938年

拡充法《アンプリフィケイション》というのをやります。連想に出てきた大事なテーマを、神話とか伝説の類似のテーマに分析家が結びつけてやるのです。たとえば川を渡ってどこかへ行ったという夢を見ますね。その人の連想を追っていくと、子供のころ、川を渡ろうとしてはまったことがあるという。ところが、それにはルビコンを渡るとか、そういう意味もあることを分析家のほうがいってくれるわけなんです。

小此木　分析家のほうはより普遍性のあるものをくっつけるわけですね。

河合　そうです。もっとも、それを全然いわない場合もあります。

小此木　フロイトは治療の経過に出てくるテーマの筋道《シークエンス》を特にコントロールする方法は何も述べていません。まったく表層から手をつけるという感じです。ところがライヒになりますと、それをある程度システマティックに順序づけるとか、あるいは人格発展の層を考えて、転移にしても、そのどこの層のものを問題にして、どこを問題にしないかとか、かなり細かく見ていきます。たとえば男の患者が男の医者に従順だとすると、その背後に父親に対する敵意みたいなものが隠されていた場合、それはやはり父親に対するエディパール（エディプス的）な関係としてまずとらえる。そして従順な態度の中に母親に対するものがたとえ出ていても、そこではあえて取り上げないわけです。

河合　順番にいくからね。

小此木　エディパールなものをやっていくうちに、だんだんそこからプレ・エディパールなものに入っていく。順序をどこから取り上げていくかという技術がうるさく出てきます。クライニアンの場合も、一塁、二塁のポジションが問題になりますが、ライヒにしろクライニアンにしろ技法的には一つの分派ですよね。純粋なフロイディアンは、けっしてこちらから方向づけをしないというのが原則なんです。

2　影

河合　ユンギアンの場合も、方向づけはしないで、夢のまにまにと進んでいく態度が強い。ただある程度の筋があって、だいたい影《シャドー》の問題が先に出てくる人が多いですね。そして、そのうちに、父親、母親の問題が出てきます。

小此木　そのシャドーの問題というのは。

河　合　その人にとってのシャドーというのは、その人の性格の裏側になりますね。自分のいやな奴とか、学生時代、張り合った奴とかが、必ず夢の中に出てくるわけですよ。そして、ユングにいわせると、それは同性なんです。どんな人ですかと聞くと、だいたい自分と反対の性格をいいますから、それをなんとか統合するわけです。

小此木　ブロイラーに分裂（Spaltung, splitting）という概念がありますね。フロイトの場合は、その基本概念は「抑圧」であって、これは人間の心を垂直線上に考えて、上が意識、下が抑圧された無意識で、上のほう、つまり表から見ると意識しか見えなくて抑圧されたものは見えないという図式になる。このとらえ方がフロイトでは中心になったわけです。

ところが、「分裂」の場合は、むしろ人間の心を水平線上でとらえる。つまり、人格の互いに矛盾した部分が、水平線上に並行している、というとらえ方です。フロイトも晩年、この意味での自我の分裂について述べていますが、この考え方は、イギリス学派、特にメラニイ・クラインによって精神分析の基本概念になったわけです。影を考える場合、どちらかというと、この「分裂」の理解に近くなりますね。

河　合　ちょっと近くなりますね。というのは、小さいときからずっと、「もう一人の自分」というテーマを、ユングは抱えていましたから。やっぱり、分裂気質の人というのは、そういうところがあるのかもしれませんね。

小此木　ただしフロイトの場合には、分裂の問題は初期のヒステリー研究時代にジャネの解離（dissociation）の考え方との関係で問題になり、やがて「抑圧」が主になってしまって、晩年になって分裂病や境界例を取り上げるうえであらためてまた問題になったわけです。

河　合　ユングにとって、相反するものの合一とか統合は絶対的なテーマです。影に対してもアニマに対しても、対話を交わすことができる。そして、そのことによって、それをできるだけ取り上げることはできる。ただし、その影なら影と本当の意味で一つになってしまうとは考えないわけです。フロイトのほうはだんだん自我に取り入れて、最後は全部取り入れてしまうというような……。

小此木　フロイトの場合はやっぱり、統一された自我というのが前提になっているんですね。彼の人生そのものが、その強い自我で一貫している。ユングの場合は、分裂したものは、分裂したまま認めている。

河　合　ええ。客観的心《オブジェクテイヴ・サイキ》というような言い方をしますが、ユングにとって外界が客観的であるように、内界も客観的なものであるというんです。たとえば私はコップとまったく合一することはできないが、役立たせることはできるわけで、そのときコップをものにしたとかマスターしたとか考えるわけですね。それと同じように、自分の心の影とかアニマも客観的なもので、常にそれと完全に対話して、一緒にはならないけれど、完全に自分のものにするという考え方なんです。

小此木　その点については、おそらく、なぜフロイトが精神分析という言葉を使ったかということにかかわると思うのです。一九一〇年代に、分析があるのだから総合もなければという議論がありまして、それに答えて、分析という言葉は化学の分解から出ていて、本能とか欲動とかいう精神的な要素に分解できるので、分析という比喩は当てはまるが、人間の心は分析していけば、自動的に総合作用が起こるので、われわれは分析をすればいいんだ、というんです。そこを問題にしたのがエゴ・サイコロジーで、エゴの統合機能という形で取り上げるんです。面白いことに、フロイトはそこらを自明のこととして、理論化しませんが、ユングは自動的な統合機能のようなものをかなり理論化していますね。

河　合　ええ、それが自己《セルフ》というわけです。

小此木　それがまた面白いと思うのは、自我心理学の歴史からいうと、フロイトのいわなかった自我の機能をいろいろと研究したのは、みんな分裂病を扱った人なんです。どうしてかというと、神経症の患者さんは分析をすれば答えは出てくるわけです。ところが分裂病領域をやると、統合能力が弱いから、やはり理論の中に入れないと治療法が出てこない。ですから、僕がフロイトに欠けていると思うのは、欲動というか、自分の中の影の部分という表現でもいい、そういうものと自我とがどのように仲良くやっていくかという理論ですね。

フロイトの場合、どうも、意識化すれば、あとは自我が統合できるんだ、という前提があるんですね。ところが実際の患者は意識化できても統合できない。また、そればかりか、統合できないから、アクティング・アウト（行動化）が起こったり、退行したりして、むしろ治療前より混乱が起こる。その問題について、フロイトの態度はタテマエで割りきっちゃっているんです。アクティング・アウトは禁止すべきであるとか、治療者は言葉の解釈しか与えないという形できちっとしていて、意識化すれば当然、断念できるもんだというわけです。

河合　そうですね。ユング派では、アクティング・アウトを奨励するというわけではないんですが、「少し生きてみる」といいますね。自我の統合がこわれるギリギリのところまでは生きてみることを承認し、人によっては奨励するんです。たとえば、道徳的に非常に堅い人が、たばこを喫《す》ったり、酒を飲んだり、びっくりするほどの影の夢を見る。そうすると、分析家がそれを、その人の目の前で真似る。おまえ、これをやれとはいわないけど、こういう生き方もあると見せるわけです。

小此木　そこには、言葉以上のものがある。

河　合　ええ、そういう点、非常にヴィヴィッド（鮮明）です。

小此木　そのあたりの感じがフロイトと違うんでしょうね。ですから、フロイディアンの問題は、たとえば子供がどうやったら自分の欲動を飼いならすかということで、今、河合さんがおっしゃった、演ずるという要素はフロイトにはまったくないですね。

河　合　銀行強盗になった夢を見たら、その夢で見た銀行に自分で行ってみて、おれがここに押し入ったらということくらいは思ってみろ、といいますね。夢を生きるという言い方ですが、ユングはそういうことをいって、その人の想像力をかきたて、患者が怠けていたら、もうお断りということがあったようですね。

小此木　そのようなフロイトに欠けている部分に輸血したような機能を果たしているのが児童分析ですね。

河　合　なるほど、それはプレイ（遊戯）ですからね。

小此木　つまり、フロイトの本来のモデルというのは、完全なアダルト（大人）でしょう。

河　合　ええ、それも非常に自我コントロールできた人間を考えていますよね。

小此木　そして、結局、それに耐えられないからいろいろな弟子が出てくるわけだけれども、まあ一番ぐれたのがライヒで、それからフェレンツィでしょう。もう一つの生き方は、アンナ・フロイトのような娘さんたちがやった、子供と遊んだり育てることで、子供がフロイディアン風なアダルト・マインド（大人の心）になるのはどうしてか、ということですね。その児童分析の技術を大人の治療に再輸入したところで、今、河合さんがおっしゃったような自我心理学の治療技術になってきました。

河合　ええ、ですから、自我の弱い人には夢だけではなく、日記を書かせる人もいますね。現実生活の記録と夢の両方から考えていくわけです。私はそれからヒントを得て、面接の記録を書かせたことがあります。それを読んで、ここが抜けているじゃないか、こういうことを話したでしょう、とかいうのですが、なかなかうまくいきました。

小此木　僕もやっています。日本は面接がせいぜい週二回でしょう。ですから、面接のときの記録と面接でないときの自由連想を書かせることがあります。回数の少ない場合はプラスになりますよね。

河合　さっきいった能動的想像はみんな家でやってくるんです。

小此木　その能動的想像ができるというだけで、ずいぶん違うんじゃないですか。

河合　ええ、ですからボーダー・ラインの人には絶対にやらせません。自我の強い人だけです。下手にやると大変なことになります。初めのうちはなかなかうまくできないですね。

小此木　シュールレアリズムでいう自動書記に似ているんじゃないですか。

河合　ええ、アイデアは似ていますが、ユング派の場合は、もっと具体的な人物とか会話が出てきますね。そして、これはユング研究所でいわれたことで、ユングが実際にいったかどうかわからないんですが、自我の弱い人の場合、分析のはじめから、シャドーよりも、アニマとかアニムスが出てくるというんです。私もやってて、なるほどと思いました。

小此木　それはどういう意味ですか。

河合　ある程度、自我のできている人は、自分の隠された半面みたいなところが出てくるでしょう。たとえば私が男性だったら男性的なイメージが出てきますね。そして、それがある程度出て強くなってから、アニマ、つまり女性像が出てくるわけですね。ところがはじめから女性像が出てくるような人は、影も薄いわけです。無意識の力に非常に押されているという感じなんです。

小此木　ユングの場合、フロイトのように、超自我に対するエスというような、生物学的な欲動という観点はないわけですか。

河合　いや、それはシャドーの中に含まれます。

小此木　だけども、シャドーという形でとらえるわけですね。

河合　ええ、そういうとらえにくいのは、夢でいったら、動物とか、そういうのが出てきます。ですから、なかなか統合できないですね。

小此木　しかし、やっぱり、シャドーはセルフと深く結びついているから、セルフの中に欲動を持ったセルフがあって、欲動というものが、すでにそういうものの中に統合された形であるんですね。

河合　ええ、統合されてあるというふうに見ています。

小此木　そこがやはり治療論的に見て、精神療法の理解の場合、非常に実際的ですね。

河合　ええ、非常に具体的ですから。簡単にいうと、私がAならAという友人の夢を見たら、その友人の生き方を聞いて、その生き方はあなたにとってどうですか、それは参考になりませんか、という具合ですから、その点で、便利なところがありますね。

3　抵抗と転移

小此木　フロイディアンの場合も、実際の患者さんとのやりとりではそうなるんですが、頭の中では、理論的に今のことはなんだとか、分解したものに返さなきゃならないという操作をするというタテマエになっているでしょう。そこのところが非常に違うところだと思いますね。

ところで、さっきの転移の話に戻ることになるかもしれませんが、抵抗といった概念はどうなんですか。

河合　ユンギアンの場合、抵抗という概念はあまり強調されません。抵抗についていわれる場合も、抵抗があるのは患者が隠したがっているからで、それを尊重しなさいって。

小此木　実際の治療技術からいうと、フロイディアンもそうです。で、たとえば抵抗が強くなって治療から逃げだすなんてことはないのですか。

河　合　それはあります。しかし、フロイディアンの場合には抵抗分析というのがあるんじゃないですか。

小此木　ええ、抵抗といっても、フロイトがあげただけで五種類くらいあるのです。抑圧抵抗、つまり意識化したくないための抵抗、あるいは超自我があって、そのことに罪悪感を感じているための抵抗、転移による抵抗等々ですね。

河　合　ユンギアンの場合、そういうことはほとんどいいませんね。ですから、フロイディアンのほうが体系的で、教えるときに便利ですね。

小此木　最初は今述べたように、現象を何々抵抗ときちっと読みとれるようになっているんですが、一方で、その現象がわかってきたら、それをどう扱うかということの原則があって、それをつなげて学習するというようなことがありますね。ですから、ある程度、経験を積んでから技法論を読むと非常に整理されるんですが、最初からしばられちゃうと現象が自由につかめない、という問題があります。

河　合　ええ、そうそう。その点、ユング派では無手勝流ですから、習っていてもメリハリがきかないで、みんな苦しんでいますね。

小此木　もう一つの問題は転移ですけれども、転移神経症というのがあるでしょう。フロイディアンの場合、大事なことは、患者を一度、転移神経症にして、それで治すということを一九一四年ごろからいっていますけれど、そういう治療者に対する転移性の葛藤を治療の中心に置くというような考え方はどうでしょうか。

河合　それはないですね。転移の葛藤が起こるときもあるし、起こらなくてもかまわないという考え方です。

小此木　転移の葛藤が出てこなかったら、深い治療はできないなんて考えないわけですね。

河合　ええ、考えません。その葛藤は必ずしも治療者との間でやらなくてもいいわけです。それに似たようなことを別な人とやっても、それを持ってきて話し合いをすればいいわけですから。そして、ユング派の場合は、常に普遍的無意識ということを考えていますから、患者がたとえば父親像を投影して、それが元型的な父親のようなイメージでしたら、そういうことを患者に意識させるわけです。患者の投影する元型的なイメージに分析家が同一化してしまうと、おかしなことになりますから、分析家はそのあたりのことを意識していないといけないわけです。

小此木　そこらあたりがだいぶ違いますね。フロイト自身はかなり素朴に、実際の親との経験が治療者との間で再現されるということで、転移は一種の再現だといっているわけです。ユングはウル・ファンタジー（原空想）の系譜と同じで、転移にもウル・トランスフェランス（原転移　Ur-transference）があるといっているわけですね。

河　合　ええ、完全にそうです。ウル・トランスフェランスを、むしろ問題にしているんです。

小此木　転移は治療者のパーソナリティだとか、現実のいろいろな状況に対する反応を媒介として出てきますね。その場合、現実のそういう関係と、元型からくるものとの結びつきは問題にするのでしょうか。

河　合　ええ、元型的な転移が起こってくるということは、完全にその分析家にも責任があるというふうに。

小此木　ああ、やっぱりね。

河　合　非常に深い転移の場合、元型的なものはなんらかの意味において二人の問題になるという考え方です。

小此木　それは逆転移に関係しますね。

河　合　逆転移があって当たり前で、それを生きるのが分析家だというわけです。

小此木　そうすると、転移の分析は、患者と治療者の一種の共有関係だとか、連帯感、一体感の起こってくる中で行われるということですよね。

河　合　その中で、分析家のほうがほんの少し意識化が早い、ほんの少し生きているということで救われるわけです。ただし、分析家もひどく傷つき、傷つくことによって治すという考え方なんです。

小此木　フロイト以後、特に分裂病の治療において、まったく同じことが議論されていますね。ところがフロイトの場合、個人生活史的なもので転移を見ようとするから、患者と治療者の異なった経験の中で、転移が患者の独り相撲であるということが強調され、患者自身の問題として受け取らせることが転移の分析で、そこがすごく違いますね。

河　合　ユングの場合は、転移が深くなればなるほど、治療者個人の問題でもあるわけです。

小此木　個人生活史的な転移という概念だけであると、今のようなことをやると、個人と個人が合体するようになり、治療関係の距離がとれなくなりますが、今の元型的な概念を持ってくれば、合体ということがフロイディアンのいうような困難なしに、より可能だということになりますね。

河　合　その意識がないときは二人一緒に落ちこむより仕方ないという、ものすごく危険な関係になります。だから、そこに生じている転移が個人的な段階になるものか、もう少し元型的なものになるかを意識することは非常に大事なことになります。

小此木　フロイディアンには元型的な転移という概念がないから、落ちこむ危険性をものすごく強調します。今のところは、おそらく、お互いの治療論のもっとも中心のところですね。

河合　極端なことをいうと、魂の段階では合体の体験ですね。無意識の世界では患者と心中するんだというくらいの気持ちです。それがうまくいくと、夢の象徴のレベルが深くなるし、早く発展してくるわけです。そして、ユングの特徴はそういうプロセスを錬金術のプロセスになぞらえることなんです。

つまり、錬金術というのは卑金属から金《きん》をつくるわけで、そのプロセスと人間の心の変化のプロセスはパラレルに考えてよろしいというわけです。で、結局、金はできないわけですから、錬金術師たちが必死に考えたいろいろな理論は、人間の心の変化のプロセスを金をつくるプロセスになぞらえて書いてあり、一種の内面的な哲学になる、とユングは読みとるのです。錬金術の本の中には、王と王妃が結婚して、子供をつくり、死んで生まれ変わるというようなことが書いてあり、それと似たようなことが転移の中で起こるというようなわけです。そういうように、私らにもある程度の筋道はあるわけで、ユングの「転移の心理学」という論文は完全に錬金術の本です。

小此木　ユングの考えの中には個別化《インディヴィジュアリゼイション》というものがあるわけですね。

河合　ええ、それはユングの考え方です。これは理解するのが難しい考え方ですが、自己実現《セルフ・リアリゼイション》とも言い直しています。つまり、夢とかヴィジョンの世界で、今いった錬金術の本に書いてあるようなプロセスを一つひとつ踏んでいくことなんですが。

小此木　個別化というと、個性を発揮するように一般にはいうけれど、むしろ、非常に普遍的な過程を段階的に踏んでいくことなんですね。

河　合　そういうふうにいうと普遍的だけど、やっぱりみんな違っていて、その人の個性があるわけです。

小此木　その元型的な過程というものの段階に相当するのは、フロイディアンの場合、発達の図式ですね。発達段階を追っていくわけです。

河　合　しかし、実際に分析をやっていると、そういうプロセスを踏む人はものすごく少ないし、それをやりだすと危険性が非常に高い。

小此木　天国へ行ったり、地獄へ行ったりしなけりゃならないんでしょう（笑）。

河　合　まさに死と再生ですからね。で、ユングのそういう個別化は宗教と切っても切れないわけで、各宗教がそういうものを持っているとして、いろいろな筋道の図式をいうわけです。ですから、ヨガならヨガの筋道でいってもいろんなことがいえるし、禅なら禅の筋道でいろいろいっても、どこかパラレルになるところがある。

小此木　フロイディアンの図式で現在、一番一般化しているのは、エリクソンの八つの年代論、人生の周期《ライフ・サイクル》ですね。

河　合　エレンバーガーが書いているんですが、エリクソンの八つの段階の二つか三つはユングからの影響だといっていますね。

小此木　なるほどね。それで、エリクソンの特徴は最後のインテグリティ（integrity）の問題ですが、あれなんかフロイディアンにはないところですよ。

河　合　アメリカにエリクソンが出てきたんで、ユンギアンとフロイディアンとが会話できるようになったんですね。

小此木　自分のアイデンティティ論に深層心理学で一番早くから触れている人はユングである、とエリクソン自身も書いていますよ。で、エリクソン、クライン、それに最近でいえばラカンですね、この三つの流れを呑みこんでいるおかげで、われわれはお互いに理解しやすくなったところがありますよね。

河　合　もう一ついうと、アメリカでユングがわかるようになった非常に大きな原因はマリファナです。マリファナを喫うと幻覚が出てくるわけですが、それでユングのいうことは本当にあるんだと、みんなわかってきたわけです。

小此木　そのあたりの世界は、フロイトとはまったく異質ですね。

河　合　たしかにフロイトというのは、合理主義のギリギリまで押しすすめて、無意識の世界を徹底的に調べあげるっていうか、おれのものにするんだという、ものすごい考え方ですが、ユングは、どこかで自分も入りこんでしまうようなところがありますからね。

小此木　フロイディアンがよく使う概念に、同一化とか投影というのがありますね。それは、今のユングのお話とかかわっているようでいて、どういうふうに違うのかというあたりをちょっとお聞きしたいのですが、たとえばフロイトの場合にも、男性性とか女性性という問題のとき、生物学的な男女を超えた両性性があるというわけです。女の子がお父さんに同一化するとか、男性の中にも女性的な同一化があるとかね。そういうふうな同一化と、アニマ、アニムスという言葉でいっている問題とはどう違うんでしょうか。

河　合　さっきもいったように、客観的心というような言い方をするくらいですから、男性であっても女性性はあり、女性であっても男性性はあると思っているわけです。そういうのと自我とが一緒になった場合、同一化といいますね。

小此木　その場合の男性とか女性は一種の元型みたいなものですか。

河　合　ええ、そうです。

小此木　フロイトの同一化は、むしろそこを具体的にお父さんと同一化するとか、お母さんと同一化するとかいって、個人生活史的な同一化なんです。

河　合　そういうこともいいますが、ある程度区別していますね。父親に同一化する場合でも、元型的なものになってくればくるほど、父親像も、大きく、強く、あるいは恐ろしくなってきます。

小此木　もっといって、父親の何に同一化するかということになってくると、つまり現実の父親なのかとか、内的な父親像と同一化するのかが議論になってくると、さっきのユングの問題につながってきますよね。

河合 ええ、ですから、投影ということでも、自分の内的なものは、ある程度、投影してやってみないとわからない、という考え方なんです。たとえばアニマ像にしても、それをだれかに投影して、投影された人物と何か事を起こすことによって、ある程度、そのアニマというものを自分のものにすることができるというわけです。

小此木 それは影についても同じことですか。

河合 同じです。

小此木 そこはクライニアンと違うところですね。クライニアンにもインナー・オブジェクトを何かに投影して、そこで対象関係を追っていくということはありますが、それは個人発達史的なもので成立したインター・オブジェクトですからね。ここで、いわゆる投影型同一視《プロジェクティヴ・アイデンティフィケーション》(projective identification) という概念とつながってくると思いますが。

河合 なるほど。そうですね。

小此木 投影型同一視というのは、自分の中の自分、たとえば影の自分を投影して、相手の人物をコントロールするようなかっこうで、自分の中の影をコントロールするというのですが、そこはまったく同じですね。

河合 ええ、ええ、そうですね。

小此木　その場合、影の面ばかりじゃなくて、よいほうの自分についても投影型同一視を起こすということもあるわけですよね。

河合　もちろんです。まったくぴったりですね。

4　分析の終わりと終わりなき分析

河合　分析の終わり目とか終わり方というものは、すごく難しいことですけれども、期限設定をするというのも一つの方法でしょうね。

小此木　日本の患者さんにとっては、最初から終わりのある関係だということをはっきり意識することは大変なことなんですね。本来、人間関係というのはすべてそうなんだけれども、それが期限を切られることによって、あらためて時間的な構造で規定されていることを自覚するのは大変なことのようですね。たとえば、それは就職するときにも、いつまでだと契約する経験がないから、非常にね。

しかし、ある意味では非常にフロイディアン的な考え方ですよね。しょせんは別れる存在だと、はじめから決めてかかっていくというのがね。日本人で、どのくらいそれができるか、私たちも今やり始めているんですけれども。それにだいたい、治療者のほうが逆転移を起こすんです。最初は絶対にやめるといっているのが、いざとなるとなかなか患者さんから離れられない、治療者のほうがぐらつき出して、一寸延《いっすんの》ばしに延ばし始めるんです。

河　合　あ、そうですか。特に私が思うのは、はっきりした症状のある人は、その症状がなくなった時点で終わりということはできるでしょう。ところが教育分析の場合は、どこで終わるかということは、難しいところがありますね。

小此木　そうですね。普通の治療の場合でも僕の経験でも、非常に長くなっちゃう人がいるんです。

河　合　私も十年続いている人がいます。ボーダー・ラインの人になってくると、どうしても難しいですね。

小此木　僕が一番長かったのは分裂病と診断されていた方で、同時に一番よく治療できたと自信のある人なんですけれども、十八年ぐらいかな。精神科医になって三年目くらいに始めて、今から四年前に終了したんですから、昭和三十三年ごろから五十年ごろまでのことです。最初、僕のところへ来たときは精神病院の閉鎖病棟から移ってきた、慢性化した方です。それがもう、今は完全に、すべてを乗り越えたという感じですね。

河　合　ドラマですね、そうなると。

小此木　中には十年かかる方もおられますが、やっぱり、三、四年かかる人は、けっこう多いですね。

河合　だいたい、そのペースですね。ノイローゼの人を私は分けて考えるべきだと思うんですけれども、普通の人でも神経症の状態に陥る人がありますね。そういう人は非常に簡単だけれども、なにか生活史的にノイローゼになっている人は、だいたい、治るのに三、四年はかかるんじゃないでしょうか。

ただ、外国の場合に比べると、私らはペースは遅いけれども、わりあい現実生活のほうへ行ったり来たりしながら、だんだん治っていくという形をとりますね。外国の場合は、もう少し集中して、内面を深く掘り下げるという感じを持つんです。そのあたりはどうでしょう。私も長い人は五年、六年かけてやりますけれども、そういう場合はだいたい、社会生活をしながら、ということになりますかね。

小此木　それから日本の場合には、一回お任せしちゃうと、もう容易に離れられないという面がありますね。医者のほうでもなかなか離したくなくなるというか。

河合　そういうこともありますね。

私はこのごろは、精神分析的なことは、まず一年やろうということにしているんです。そこでいちおう切って、もっと続けることに意味があるかないかを二人で考えてみると。そうしないとどうもダメですね。

また、分析を長くやっていると、単に症状が治っていくということ以外のことがわかりだすでしょう。そうしますと、どうしても長くかかりますね。単純に症状だけを

小此木　治すのは損だ、といったらおかしいですけれども、そんな感じです。モティベーションが変わってくるわけですね。もっとセカンダリーなモティベーションが出てくる。

もう一つは、治療を終わってからも、一生続いていく一種の自己分析のようなものがあって、いわゆる普通の医学的な治療期間のように、一定の期間で終わってすっかり普通の生活を持てるというのと、サイコセラピーというものは本質的に違いますね。

河　合　違います。

小此木　だから、終結しても分析は続いていくという問題がありますね。

それからサイコセラピーの効果というものが、必ずしも治療している期間にすべて表れるというわけではない、という問題があると思うんです。治療をやめてみて、かえってその治療の意義というか、効果が患者にもわかるし、われわれにもわかってくるということが、ずいぶんあるみたいですね。

河　合　それはたしかに、一つの考え方ですね。

小此木　表面的には治療が失敗したり中絶したからといって、本当の意味で治療が失敗したかどうかということがいえない場合も、ずいぶんあります。

たとえばフロイトの症例としてしばしば論じられるドラの例では、非常に議論がありますす。フロイトは明らかに失敗例として報告しています、三ヵ月で中断していますすから。いかにもフロイトらしい失敗なんですけれども、十七歳の少女が年上の男の人に誘惑を受けて、ヒステリーになっているんです。しかもドラの両親にも愛人問題がある。大人たちのそういう欺瞞《ぎまん》的な世界に対して、ドラは本当のところを知りたいのだけれども、親も含めて大人たちが真実を教えてくれない。フロイトは、大人側の欺《ぎ》瞞《まん》は抜きにして、もっぱらドラが誘惑されたときに、彼女の側にやはり性的な興奮があったことを認めさせることに終始するわけです。いかにもフロイトらしい態度ですが、結局、中断するんですが、そこでフロイト以後、娘心をあまりにも無視しすぎたという批判が強い。

ところがエリクソンだけが、フロイトを弁護したんです。十七歳の女の子であってもフロイトらしく真実を告げ、自分の内的な問題をまず見つめることが大切だという筋を通していることと、もう一つはドラが二十五年後、四十何歳のときにフェリックス・ドイッチェに会って、フロイトの治療を感謝している。フロイトだけが、今までの人生で、本当のことをいってくれた唯一の人だった、今はそれを支えにして生きている、といったという話があるんです。

そういう意味で、見かけ上の成功、失敗を軽々しくいうことは困難で、そのうえいろいろ評価が違ってくるし、評価の基準は難しい。

河合　難しいですね。

小此木　治療の場合、タテマエとしては、本人の内面的プロセスが治療終結の基準になるべきなんでしょうけれども、実際は、皮肉なことに外的な事情が、治療終結の要因になることが多いですね。転勤とか入学とか、就職とか、あるいは夏休みになるとか、そういう外的な事情で終わることが多いというのが、率直な印象なんです。

河　合　実際にそうですね。また、治療していた人が何年かたって、帰ってくることも、わりあいありますね。

小此木　僕は、帰ってきてくれたときは非常にうれしいですね。

河　合　年賀状などに近況を書いてくる人はわりとあって、うれしいですね。とにかく、個性化ということには終わりがありませんから、そこに焦点を合わせると、どこで分析を終わるかということは、難しいんです。単純にいってしまえば、本人が自己分析が可能になれば、やめてもいいということになります。

小此木　フロイディアンには終結の基準になるべき診断的な枠はがっちりありますけれども、基本的には河合さんがおっしゃったことと一致するんじゃないでしょうか。

河　合　さっき小此木さんがいわれましたけれども、医学的に治っていって、その人が自分の個性的な人生を生きていくときに、社会の最大公約数的な規範とはずれても、むしろ当たり前なんです。だから、病的なものは除かれていくんだけれども、生きていく困難さが生まれてきて、それを終わろうとするのは、大変難しいですね。

小此木　宗教とは違いますが、周りの人とは違った生き方をしないといけませんから、その場合、その人をまったく孤立化させてしまうという問題があります、家族の中でも、一人だけ孤立してしまうし、それを支えるという仕事が、次に出てくるんです。

河合　家族にすれば、治ってきたんだから世間一般と同じことをしてくれると期待しているのに、普通じゃないから、たまらないわけです。その人の生き方を家族に説明する必要も生まれてくるわけです。

小此木　患者さんの場合は、日常的な接触の機会が少なくて、会うにしても時間を決めて会うことになりますが、教育分析の場合の人間関係というのは難しいですね。分析の関係と社会的な関係が絡みあっていくおそれがありますから。

精神分析は、普通の医学とは違って、社会的な幅とか相対的な文化・時代・慣習から、どこかで逸脱する部分が、フロイトにもユングにもありますね。だから、われわれも一方では大学に勤めたりしながら、そういう二重生活をしている。どっちがシャドーかわからないけれども（笑）。それが絶えずつきまとっていて、ユングは正直にそれを表に出し、フロイトはそれを裏のほうにしまいこんだまま小市民的な生活を守ったのが対照的です。

河合　ただ、ユングの場合も日常的な生活のあることが支えになったと思います。ユングは内的なイメージということをずっと考えていますから、実際にある人に会っていろいろなことが起こることと、内的なイメージをごちゃごちゃにすると、問題が起こります。だから、内的なイメージが進んでいる場合には、外的にだれかと会わなくてもかまわないといいます。

小此木　フロイトの弟子の中では、逸脱するところを非常に強調しちゃったのは、ライヒとかシュールレアリストとかでしょうね。

河　合　そうでしょうね。ユングが内的なことを書いて外的なことを書かなかったというのは、外的な逸脱行動が相当あるということなのかもしれませんね。それをうっかり書くと、攻撃される可能性があるでしょう。

小此木　それが具体的なこととして関係してくるのがケース研究で、ユンギアンの場合のほうがケース発表しやすいような気がしますね。あくまでも内的世界のことですから、現実的な事件は出さなくてもすんじゃう。フロイディアンの場合は、それを明確に取り上げなくちゃならないから、ケース発表ができない。フロイトも症例をいくつか発表していますが、プライバシー問題では大変な苦労をしていますね。微妙にカムフラージュして。

河　合　ユングがそれらしきケースを書いたのは、初期だけです。あとは出てくるのは内的なことだけだから、絶対にわからない。そのために誤解されて、ユングは変なことをやっているなどといわれるのは、外的なことを書かなかったためでもありましょうが、一面からいうと、ユング派の利点でもあります。

小此木　フロイディアンでも、そういうケースの発表の仕方はありうると思うんです。治療者と患者本人にしかわからないことですからね。

河　合　しかし、われわれの場合はケースを出すことが一番強いですね。しかし、それはなかなかいえないという、ものすごいジレンマがあります。

小此木　今、話題にした対社会的な現実との関係の論議は、そのあたりから社会文化論につながってきそうな気がしますね。ユングの場合は、適応という概念は？

河　合　ほとんど大きい意味を持ちません。個性化中心に出てくるでしょう。内的プロセスを持ちながらこの世の中に生きていかなくてはなりませんから、この世の中のルールを変えていくのですけれども、社会の中にどう適応していくかという考え方は、薄いですね。

小此木　そこは患者さんに任せていく。

河　合　そうです。それと患者が内面的な勢いに押されてやろうとしたときに、外的な枠組みの役割を分析家がしたりして批判するという、両方をやらないとうまくいきません。影の統合ということを考えるかぎり、どこかでちょっとずつ歩み寄らなければダメですね。そのときにパッと影と同一化しそうになったときに、分析家は止めねばなりません。

小此木　シャドーともう一つ、最近ラカンなどは、鏡像《きょうぞう》といってますね。これは、シャドーの問題と関係してくるんじゃないでしょうか。ラカンの考えでいうと、人間は自分で自分を見ることができないから、自分のことを認識するのは、鏡に映った自分を通してしかない。赤ん坊が自己像をつくるときは、鏡に映った自分と周りに見えている大人たちを同一視し、それから自己像ができあがっていくという考え方、逆にいえば、常に外に投影されている自分しかとらえられないということだから、シャドーとかグッドとかバッドとかいう前の、自己形成の問題という気がするんです。

フロイディアンの場合は、自己が他と分化した、たとえば、お母さんと分化したセルフというものが、どんなふうにできてくるのかという理論があるのだけれども、そのあたりの個体発生的な意味での自己意識とか、自己像の発達とかは、あまり取り上げませんか。

河　合　そうですね。それから発達論のところでいっていたことですが、たしかに治療論とも結び付くんですけれども、行動化というのは、非常に大きな問題ですね。

小此木　かなり違うのは、フロイトは禁欲規則という言葉でいったように、治療中は離婚しちゃいけないとか、就職を決めるなど重大な決定はするなとか、つまり、心理的な一種のモラトリアム（猶予状態）で治療を行うべきだと考えますが、ユングの場合の生きてみるというのと、ちょっと違うようですね。ユングの考え方のほうが、実際の臨床においてはかえって現実的かもしれません。フロイトの場合は、猶予期間を設けて保持することに重点を置いて内面化を図るので、かなりのエゴ・ストレングス（自我の強さ）を要求するわけですから、実際には、日本の患者にはなかなかそのとおりに行うのは難しいんです。

河合　本当にそうですね。ですから、狭義の意味での精神分析というのは、日本では非常にやりにくいように思います。

第五章　文化と社会

1　日本人の母性原理

小此木　日本の患者のほうが治療者に依存することについて、土居先生の「甘え」理論じゃないけれども、それを意識化しても必ずしも恥じはしませんね。なんとか自立しなくてはならないということの努力もしませんが、ユンギアン的にとらえると、どういうことになるでしょうか。

河　合　ユング的な言い方としては、治療者に対して、分析家が男であっても、グレート・マザー像の投影が強いということ。それは文化、社会の問題になってきますけれども、日本人全体にグレート・マザー的なものが強いから――これが、私のいっている母性社会ということになるわけですが、そうすると外国人と反対に、依存することよりも自立することに罪悪感を感じるんですね。いつまでも続けることが本当のような気がして。

小此木　それは師弟関係でもそうでしょう。なまじっか独立すると罪悪感を感じるとか。

河　合　それが面白いのはスポーツの世界ですね。相撲などはどうしても師匠に勝たなければならない、そこで恩返しという理念を立てて、勝ったときにそれは恩返しなんだと皆に意識させるわけです。ところが他の世界では、勝たないほうがいいわけです。

小此木　たとえば、慶応でやっている研究会に他の大学や病院へ出て一家をなしている人たちが来ますが、僕のほうの意識としては、勉強はまだ続いているという気があるわけです。それで、本人に「最近来ないけどどうしたの」というと、たいていの人は、「すみません」というんです。僕は単純に、聞きにきたら、ぐらいの意識でいっているつもりでも、彼らは行かないと悪いと思っている、そういうことが多いですね。逆にいえば、こちらが来てほしいと思っているという前提がある。

河　合　あるいは、小此木さんがそう思っていなくても、日本の礼儀としては、挨拶に行かなければならないという意識がある、これを克服するのは、非常に難しいことです。それを切るような方向で動くと、冷たいといわれる。

小此木　すみません、という立場になっていると本人も安心だし、周りからの評価もよいわけです。本家と分家のような関係でね。お前はもう独立したんだから別の存在だというふうにしたら、あれはなにかあったんじゃないかという目で見られます。

河　合　そう、喧嘩でもしたんじゃないかって、しかもそれが不文律的な倫理観としてあるから、外面はとりつくろっていても、内面では冷たく離れていることもある、いちおう立ててるという言い方をするでしょう。外国の場合には、そういうことに縛られていないので、本当の意味での友情ということが、逆にあります。

小此木　自立した人のほうが、本物の友情を持てるわけですから。

河　合　外国人の持っている友情というものが、日本人にはあるのかということを、痛感しますね。母性的結合における倫理観はすごくあって、外国人がびっくりするほど、友だちや先生のために働いてみたりするのだけれども、それは自立した者同士の友情とは違うような気がして、残念なんです。

その点で、日本にフロイトなりユングなりを持ちこむ難しさがありますね。契約思想というのがとにかくないわけでしょう。分析というのは契約なんです。お金と時間を決めてやりましょうという形式的な契約はできますけれども、本質的な契約ということは理解していない。

小此木　契約でやりましょう、と先生にいわれたからであってね。

今まではフロイトとユングの異質性が問題になってきましたが、こと日本文化の問題になってきますと、フロイトであってもユングであっても、西洋のものを日本に持ちこむという、共通した部分があります。ただ、ユンギアンにはグレート・マザーという元型があり、フロイディアンにはそれがない。完全な父性ですよね。そこでの親和性となると、ユンギアンのほうがフロイディアンよりは、近い面があるのではないかということです。

河合　そのとおりだと思います。ただ怖いのは、そこで足元をすくわれるというんでしょうか、ユングは近寄りやすく感じられるのですけれども本質的には西洋人です。彼はキリスト教的なものの底流を問題にしたわけです。そこには父性的なものが強く、母性的なものが沈んでいるわけですから、母性的なものを取り上げて、統合を図らなければならない、そこで母性的なものを研究しだすと、どうしても東洋の宗教、文化が出てくるのですが、これは、あくまでも父性があってその統合のために出てくるわけです。われわれがただ母性のほうにのみかたよってしまいますと、まるっきり片方の父性がないわけですからね。

アメリカ人などがユング研究所に行くと、ユングの無意識の話にびっくりします。つまり、皆、思ってもいなかったグレート・マザー的なものが出てくるわけですから。われわれ東洋人はむしろ、彼らの意識の強さにびっくりするという感じですね。あくまでもそれを意識化し、統合しようとする。われわれはグレート・マザー的なものの中にどっぷり漬かっているわけですから、その中から把握しようとしてもダメでしょうね。そのときに、私らとしては父性的なものの弱さを痛感します。

小此木　日本人の患者さんの場合、河合さん流にいうと、どうやって父性的なものを意識化させ、母性的なものと統合させるかということが、むしろ、問題になってくるわけですね。

河合　ええ、私はそういうふうに見ているわけです。こちらは、どっぷり漬かった母性的なものの中に出てくる父性的なものを、どのように統合するかという役割を、やっているのではないかと思います。

小此木　それが、日本人はなにか異質なセオリーが出てくると、自分に理解できるところだけで評価します。ですから、土居先生の「甘え」理論でも、父性原理に立って甘えをとらえているわけでしょう。ところが『甘えの構造』がベストセラーになっているのは、けっしてそう読まれるからだけでなくて、むしろ、甘えというものを喜ぶ感じで買っている人も多いんですね。ディスカバー・ジャパン、京都よいとこ、というのと同じような意味で受け止めてしまって、日本人にとっては異質な父性原理からいっているのにもかかわらず、その部分に対する積極的な反発も議論もわかない。河合さんの母性社会についても、お母さんは良いお母さんという読み方になっていて、父性原理の欠如という批判的な側面はピンときていない。それ自体が母性的な受け取り方なんでしょうね。

河合　そうですね。それからもう一つは、表層的な日本の合理主義の層では、自分たちは父性的だと思っている人がいるんです。これはまったく表層だけであって、一皮むくとむしろ母性的なんです。

小此木　一方には父親なき社会論というのが言葉ではありますが、あまりいわれても困るという感じがしますね。ないということはあっても、では何が父性なのか、ということがわからない。その場合、元型の応用になりますが、ヨーロッパ人の持っているグレート・ファザーと、日本人の持っているグレート・ファザーは、同じなのでしょうか。

河　合　根本的なものは人類に共通なんです。ところが、把握されていくときに、個人とか社会のバイアスが掛かっていくわけです。元型的なイメージとして、どこが抑圧され、どこが意識化されているかということが、国によって違ってきますから、日本は、ユダヤの父のようなイメージは持っていませんね。だから、理屈では可能性としては持っているはずなんだけれども、われわれが掘り下げてもなかなか出てこない。

しかし、現実的には無意識のうちに、すさまじい父親像を求める動きは、出てきているんじゃないかと思います。その症状の一つとして学生の動きなどがあると私は考えているんですが、彼らは強烈な父親像を探しています。むちゃくちゃをやっているようだけれども、どこまで行けば本当の父の怒りに触れられるかという。ところが、どこまで行っても、君たちのいうことはよくわかるという母親ばかり出てきてね（笑）。

小此木　そうすると、アメリカ人の無意識と、日本人の無意識という、民族的な無意識の概念の違いはあるんですか。

河合　あるんです。しかし理論的には、一番底まで行けば同じなんです。ですから、文化的無意識という言葉があります。ソンディ（スイスの精神医学者。ソンディ・テストの発案者として知られる）は家族的無意識という概念を立てていますが。理屈だけで同じだといっても、なかなかそこまで掘り下げられないものですから、違うといっていいんじゃないでしょうかね。

私は日本人の夢を多く見てきて、その中からなにかいえないものかと思いましたが、難しいですね。考えてみれば、ユングはああいうパターンを人類共通という意味でいったのかもしれませんが、それはユングの西洋人としてのバイアスが掛かっているわけだから、他のものが出てきてもいいわけです。そのあたりが難しくて、まだはっきりしたことがいえなくて、困っているんですが、ただ、日本で父性原理が強くなった人は、現実の日本の社会では適応しがたいでしょう。ですから、そういう人を受け持って、父性原理をどの程度、自分の中で生かせるかということをやっているのだと思っていますが。

小此木　日本の男の人で大物というのは、母性原理を十分に生かした〝お母さんお父さん〟ですよね。

河合　完全にそうです。日本だけにしかいない人には、なかなかそれがわかってもらえなかったんですが、このごろは、だいぶわかってもらえるようになった気がします。単なる怖い父親というものはたくさんある、明治の父親は皆そうでしたから。われわれの父親というのは怖かったですよ。しかしそれは、人様に迷惑を掛けないとか、人様という全体の関連の中で遂行する強さであって、自分の個性ということに基づいてはなにもない。小此木さんのいわれた〝お母さんお父さん〟というのは、母性的な性質を持っていて、それを遂行する強さが父性と思われていたわけです。ですから、ただ強いだけの父親は、日本にもたくさんあったけれども、神との掟を絶対に破らないとか、神との掟で動いているという人はいないわけです。

小此木　日本のお母さんというのは「瞼《まぶた》の母」のように母性愛一本槍というイメージが強いんじゃないかと思うのです。子供はグレート・マザー・イメージを持っているのだけれども、現実のお母さんには失望していて、しかし、「お母さん、お母さん」といっているという問題、日本人が大人になるためには、一度、グレート・マザーに失望したような体験を経るのではないでしょうか。

河　合　それは面白い見方かもしれませんね。大人になるためには、そのあたりにいっぺんあきらめがあって、それで、グレート・マザー、観音像に求めて、自分のお母さんを越えていく。

小此木　それは、フロイトが父親にやっているのと同じようなことみたいですね。ですから、日本の場合は、母親は愛情を持っているのだけれども、息子と離れていかなくちゃいけない、あるいは息子のほうからいうと、理想のお母さん像を持っているのだけれども、現実のお母さんには幻滅するとか、そこに問題が起こるような気がします。

河合　むしろ、日本の母親たちはグレート・マザー元型の犠牲になっているんじゃないかと思うんですがね。すべてを受け入れねばならない、あきらめねばならないというのが非常に強いから、個人としての感情よりも、運命的な流れに忍従してしまうという面が強いですね。

小此木　実在のお母さんとグレート・マザーを同一視して、期待ばかり大きくなって、お母さんはその重荷に打ちひしがれてしまっている。さっきの「瞼の母」、息子のほうはグレート・マザーを求めるし、お母さんもそうなろうと努力するのだけれども、実際にはそうなれない。息子はそれを恨み、お母さんは罪悪感を持つ。そして、もう一度、お母さんの現実の悩みとか悲しみに接して、お母さんはお母さんなんだとわかる、そういうストーリーが多いですね。

ですから、お母さんはグレート・マザーではなくて人間なのだとわかるということが、本当の意味での親離れであり、日本の患者さんの場合、それを経験していくことが、一つの大きな課題になると思います。

河合　分析家との関係でも、われわれに対してグレート・マザー的なものを投影していて、どこかの時点で、治療者も人間であって、無限の救済者でありえないと認識したときが、大人になるということですね。

小此木　自他分離ということは、今のことがわかることだと思うんです。僕が「中央公論」誌（一九七八年六月号）に書いた阿闍世コンプレックスの主題というのは、最初、阿闍世はお母さんを理想化していたのに、聞かされたのは、夫に対して不安があって、途中で自分を堕《おろ》そうとした母親だということで、母親に対して恨みを持ち、一度は殺そうとする、そこで、もう一人の人間としての母親を見いだしてゆるすというものです。その過程でお釈迦様に救われるというストーリーですが、そのパターンが、日本人の一種の個性化のプロセスなのかな、と思います。

河合　ええ、自分の内面的なグレート・マザー的イメージを現実のお母さんに投影していたのを、一度、否定しなくてはならない。それを間違って、現実の母親を殴ったり、蹴ったりしてしまう。

小此木　クライニアンの概念でいうなら、原始理想化《プリミティヴ・アイディアリゼーション》があって、これが崩れると途端に被害的不安《パーセキュトリー・アンザイアティ》が起こるのですが、それを越えたところで抑うつ的ポジションになって罪悪感が起こって、本当のお母さんと接していく、このプロセスですよね。これは河合さんのおっしゃる「母性社会」につながってくる問題ですね。

河合　そういうものが無意識的に、日本の中にずいぶん流れていて、それが意識化されないままに、たくさんの子供がお母さんに暴行するという問題が起こっているように思います。

小此木　結局、これは世界的な問題でもありますが、日本の現代社会では、いろんな意味で親が親らしく振る舞えなくなったということがありますね。こんなふうにどうして生んだのか、育てたのかという親への恨みが暴行になる。ところがアメリカでは、子供が恨む前に、親のほうが力で圧倒してしまうというか、子供の虐待という形で出るという違いはありますけれどね。アメリカでは、年に十何件、子が親に殴り殺されたといったひどい例ですとか、親父は完全に子供のことはかまわないし、母親は他に男がいてまったく放置されてしまっているとか、そういうことが問題になっています。

河合　そういえば『ローラ、叫んでごらん』（リチャード・ダンブロジオ作の幼児虐待を扱った物語）というのも、子供をフライパンで焼くんでしたね。

小此木　日本でもたまにありますけれども、むき出しの虐待というのは、欧米に比べればあまりないですね。

河合　昔に比べれば、日本でも出てきたみたいですが……。違う言い方をすると、元型的なマザー・イメージというのが非常に強くて、その中で意識化せずに生きているという安定感があったわけですが、それに対して、自分はそれではたまらないから個人として生きるんだと主張する場合、私は女として生きるんだということをもう一つ掘り下げればいいんだろうけれども、それを乗り越えることができずに、この子はいやだと短絡的になり、暴力的に出てくるわけです。

小此木　日本の親は、男と女であってはならない、まず親でなければならない、というものが厳然とありますね。西洋だったら、男と女であって、親は二次的なものだという考えが確立しているから、そこが非常に違います。

河　合　だから、親が忍従しても、それは美徳ではなくて当たり前のことになってしまう。夫婦は男と女であるよりは、父親と母親で、まさに〝子は鎹《かすがい》〟でひっついているわけでしょう。

2　阿闍世コンプレックス

小此木　古沢先生が「罪悪意識の二種」と題する阿闍世コンプレックスの論文をフロイトのところへ持っていかれたのは、昭和七年なんです。だから、古沢先生が、それを意識されたのはずいぶん早いわけです。ところがフロイトは、もしかしたら語学の問題もあったんだろうけれども、その論文をどうも十分に評価しないで終わったんです。フロイトの場合、今までお話ししてきたように、母親に対する恨みとか憎しみというのは彼の体験には入らずに、もっぱらファザー・コンプレックスですね。やはりメラニイ・クラインが一九二〇年代に母に対する憎しみをいい出したときには、フロイトはクラインに対して、やはり不快な気持ちを持ったそうですね。

さらに古沢先生が一番強調していらっしゃることは、フロイトはエディプス・コンプレックスで、お父さんに罰せられるという恐怖感が内在化して、超自我になるという理論だけれども、古沢先生は、日本人にあるもう一つの罪意識というのは、むしろ母親にゆるされることによって生じるものであると。だから、そのゆるされ型の罪意識と、罰を恐れる罪意識は質が違うのだと。簡単にいうと日本的な、いや、むしろ東洋的というのかな、そういう罪意識というのは、ゆるされ型であるというようなことを「罪悪意識の二種」という論文で述べているんです。

どうして古沢先生がそういうことをいい出したかという問題ですけれども、臨床的な観察でいうと、一つは日本人の患者さんをフロイト流にやっていると、エディプス・コンプレックスが出てくるよりも、ほとんど母子関係が出てきてしまうわけなんです。そこで、日本における一番抑圧されているものは何かといえば、それは母親に対する恨みとか憎しみとか、要するに甘えのほうが意識されやすいわけです。だから簡単に一言でいえば、古沢先生の日本人の精神分析の主題は、母親に対する恨みで、一方では恨みがあっても一方ではゆるされる、そのアンビヴァレンスだということなんです。ただ古沢先生はあまり物を書かれませんでしたから、これはかなり、僕流の解釈が入っていますけれども。

そこで一つ面白いことに、古沢先生は、日本人の精神分析治療の神髄というのは、恨みやなんかで、一体であるべき母子関係が分裂しちゃっているから、むしろ治療の中で、一体感を再び回復させなければならないとおっしゃってるんです。まったくフロイトと反対なんです。いかに分離し、独立させるかということがフロイトの治療の中心になるわけですけれども。

その一体感をどうやって患者が経験するかというと、古沢先生の解釈というのは、ちょっと泣かせるところがあるんです。たとえば、患者が話し出せないときに、法然上人が、自分の弟子が過ちを犯して皆の批難を浴びていたとき、あなたがもし地獄に堕ちるのなら、私も一緒に地獄に行ってあげるといったという話があるんですが、ぽつとそういう話をするんです。するとそこで患者が安心して、なんでも話せるときがある。だから、古沢先生のところに治療に来ていた人というのは、一時的に、フロイト流にいうと全能感というのか、古沢先生が聞いているから、なにをいっても大丈夫だという一体感が強かったですね。むしろ、古沢流の言葉を使うと、母の愛情にとろかされて一体になれる感じを治療者との間で本当に味わうというのが、古沢先生の治療法です。

だからこれは面白いんだけれども、土居先生の「甘え理論」の場合は、古沢先生の考えを全部、ひっくり返したわけです。日本人が克服しなければならないのは甘えであると、いかにして幻想的な一体感から目覚めるかということですね。西洋人から見れば日本人の一体感というのは幻想だし、日本人から見れば心的な現実として一体感はあるわけだし、幻想ではないという部分があるわけでしょう。一体感を持てない人がノイローゼになるという。

だから、僕の場合はそこから始まっていますから、いかにして西洋流のフロイトを身につけるかということで、一時、逆に古沢先生から離れたんです。だから、そのあたりがちょっと、純粋にフロイトというのとは違うんです。

河合　いやもう、私の考えていることと内容的にはまったく同じです。やはり、ユングがフロイトから別れていく一つの方向に、母の問題があったわけでしょう。フロイトの場合は、ユダヤの義の神としての男性的なものが前面に出てきて、その神との契約を守り抜くものが、選民として救われるというようなことが、分析の中にも入っているんです。要するに、分析の契約を守り抜かない患者はダメなんです。

それに対してユングがいっているのは、そういうユダヤの神に対して新教のキリストというのは、ある程度の女性性というのを持って出てくるんだけれども、ユダヤ・キリストは本来的な意味の女性性というものを切って、出てきたものである。だから、ヨーロッパの文化ではもう一度、女性性というものを取り上げなければならないし、考え直さなければならないというのが出てくるわけなんです。だから、どうしても分析の中にそういう面が入ってきて、ユンギアンの分析のやり方が、フロイディアンに比べると、どっか自由度が高くなってくるわけですね。案外、時間を守らなくて延長してみたり。

小此木　契約論というのは絶対的なものと重なってくるわけですね。

河　合　だから、そこでちょっと絶対性を失っていくようなところがある。ですから難しいのは、さっきの古沢先生のお話ではないけれども、実際にわれわれが日本人の患者さんを扱っていると、ものすごい依存度が出てくるわけです。それが人間に対する依存度を超えて、われわれ分析家が観音様か菩薩様にならなければならない場合も出てくる。そんな点から考えて、古沢先生というのは相当の人物だったんでしょうね。

小此木　それについて非常に象徴的なことを申しあげますと、古沢先生は結局、患者さんに殺されたんだと思うんです。日本では週に一回か二回しか治療にこれないので、皆、依存関係が強くなると大変になる。特に精神医学的にいうと、ボーダー・ライン（境界例）のような人や、初期の分裂病に近い人もやってらしたんですよね。ところが、先生は非常にきちんと治療構造を守ったんですけれども、患者のほうは、さかんにまとわりつくんですよね。よく、僕の周りは家出人の寄り集まりみたいな気がしてくるとおっしゃってましたが、結局、患者たちは家にいられないで、古沢先生の周りに心理的に集まってきたくなる。一度、脳軟化症で倒れられて、治療を再開されたころに、非常に重いボーダー・ラインの娘さんがいて、それが親子喧嘩のようになって、お父さんからもお母さんからも本人からも、しょっちゅう電話がかかってきて、それが大変なストレスになっていた。結局は、その患者の面接中に昏倒して、引退生活を送られるようになるわけです。

とりわけ古沢先生は、われわれは患者の恨みをただ解釈するだけではダメなんで、その恨みを自分が背負わなければならないという考えで、それを背負うためには、アナリスト（分析家）をただ職業だと考えてはいけないというんです。ですから、若いわれわれが先生に造反したとき、われわれも古沢先生と同じことをやっていたんではとても身がもたない、いかにそれを合理化できるかということで、僕が最初に何をやったかというと、逆に治療契約論、治療構造論ですね。結局、そこが日本でいちおう確立されないと、学問的・職業的なものにはならない。ところが向こうの人は、われわれのように治療契約だとか治療構造だとかいうことを、口ではいわないですね。それはごく当たり前のことだからです。ところが日本では、それをよほど強くいわないと、精神分析にはならないんです。

河合　本当にわれわれ日本人は、分析というものに命がかかっていると思いますね。ただ、そういう患者のわれわれに対する期待が、さっきも申しましたように菩薩とか観音であるという認識と、それから自分が人間であるということのはざまの中で生きていくしか、仕方がないんじゃないでしょうか。だから解釈というのは、古沢先生の話をうかがって本当に感心しますけれども、言語で、いわば抽象的に済ますんじゃなくて、法然上人のお話のようなものを持ってくるとかになる。お話というのは非常に生きたものですから、患者の中にスパッと入っていくのでしょうね。それをあなたの罪悪感は……、というような聞き方をすると、まったく出てこなくなりますよね。それがなかなかできないから苦労するんだけれども。

小此木　あまりこういうふうにいうと対談の飛躍になるかもしれませんが、今思うと、僕は古沢先生の中にはユンギアン的なものがあったように思うし、そういう意味でユングを理解してくださっていたら……。

河　合　きっと面白かったでしょうね。結局、さっきからいっているように、日本人にとっては母性ということがものすごく大きな焦点になってきますし、ある意味ではわれわれが、それを問題にせざるをえないんだけれども、日本人の患者のこういう母性的なものへの依存度というのは、外国人の分析家にいっても理解してもらえないんじゃないかと思いますけどね。

小此木　向こうではわりあい容易に、勤務の都合とか、契約だからということで治療者が代わるとかいうことが起こるけれども、日本の治療関係では一度その治療者の患者になると、治療者が代わることは非常に難しいですよ。転勤ということになっても、たいてい患者がついていきます。

河合　だから、長い間やった患者さんが、もう少しのところでなかなか治らない、治るのが申しわけないような気になっている。せっかくここまでつきあっていただいたのに、ここで離れるのは恩を裏切るような……。

だから、そういう患者さんを相手にして分析していると、毎日の臨床経験から、どうしても日本人は、ということを考えざるをえなくなってきて、日本人論的な発言も出てくるわけです。

3　日本でフロイディアン、ユンギアンであること

小此木　僕はフロイディアンとしての立場で話していますが、僕は本当にフロイディアンかという同一性が問題になってくると思うんですけれども、古沢先生とフロイディアンの間には、もっと大きな問題があると思うんです。僕の場合は、古沢先生の感化は今まであまり表に出さないようにしているのですが、やっぱり、フロイディアンであって、古沢スクールであってという問題には、まだはっきりした答えは出せない。

河合　私もユング派というときの大きなジレンマは、ユングの個性化ということの最も中

核にあるのは内的イメージの世界ですね。それを外的なことに翻訳すれば、皆がある程度、諒解できるんです。そして、皆にわかる程度に紹介してきたんですが、ユングのいっている一番中核のところをどのように伝えるかということは、ものすごく難しい。

もう一つは、いわゆる思想を紹介するというときに、自分の体験的なものがものすごく入ってくるでしょう。自分の内的体験は、ユングの線と重なり合いはしても、私は日本人だから違うわけでしょう。そういうプロセスをわかりやすく日本人に話をするということが、いったいできるのかな、と思っていたんです。でも、だんだん、できそうな気もしてきています。ユング研究所にいるときに、日本の神話の構造を内的な個性化と重なった形で論文に書いたら、これは日本で大事なことなんだから、日本で発表しなくてはいけないといわれたんですけど、なかなか発表する機会がなくて……。

小此木　どんな内容なんですか。

河合　先ほどもいったように、ユダヤの神は父性の神ですけれども、仏教は明らかに母性が強い、日本の神話は、その点、非常に面白いんです。たとえば、天照大神は太陽の神で、太陽で表されるような父性原理を持っていながら、女性像で表されています。そういう点で、日本の神話は母性と父性のかみ合いが、非常に面白い形で出てくるんです。それが、日本人の内的な心の在り方と非常に重なってくるわけです。十年ほど前、スイスから帰ってきたときには、絶対に日本じゃ通じないのではないかと思っていたんです。このごろじゃ大丈夫かなという感じですが、今度そういうことをいうためには、もう一つジャンプしなくてはならないという感じで、そのあたりが難しくて困っているんですけれども。

ユング自身がいっていることをいおうとすると、キリスト教が大きな問題なんですが、キリスト教を頭で理解するんじゃなくて、魂にまでおよぶものとして理解するというようには、私はなっていないわけでしょう。だから、ユングのそのあたりは、頭の中の理解になってくるわけですね。今まで私がやってきたように、自分で体験してものをいうというのは、なかなか難しい。ユング派としては、そろそろ、ユングを書くにしろ紹介するにしろ、難しいところまできたなあという感じです。

小此木　フロイトの場合では、フロイトがユダヤ人であったということが、僕も含めてフロイディアンにとって問題になっていることと、共通点がありますね。

河　合　上澄みをすくって紹介するという時代は終わって、それよりももう少し深くということ、なにか飛び越さなくてはいけない。

小此木　フロイトがわりあいとっつきやすいのは、イスラエルに行って調べてみたりしての結論なんですが、フロイトはユダヤ人ではあるけれども、最も非ユダヤ化したユダヤ人で、近代合理主義者としてのフロイトが精神分析の基本になっているんです。その点で、日本の西洋化、合理化、近代化と結びつけても、サイズが合うんです。にもかかわらずフロイトはユダヤ人であり、深層にはユダヤ的なものを持っている、そこのフロイトの中の葛藤が、日本における西洋化と日本的なものの葛藤という点で、共感していけるのではないか、これが今の僕の方法論なんですがね。

河　合　だからこそ、フロイトというのが、全世界にこんなにも広がりやすかったのは、合理主義をポイントにしているからといえるのではないでしょうか。

小此木　土居先生は僕よりも明快なフロイディアンですから、「甘え理論」は父性原理で西洋化していくのが日本人の道だというはっきりしたものがあって、その点ではすっきりしたことがいえる。それだけにわれわれは、お母さん離れをしなくてはいけないというときに、フロイト流に依存（甘え）を意識化して断念しろとしか説かない。精神分析内部の論議としていえば、この部分を批判して取り上げていくことが第一にあるという感じですね。

なぜならフロイト以後のフロイディアンの理論的な展開というのは、子供がどうやって親離れしていくかということを、もっとずっと細かく研究をしていますから、甘えの論議は、その部分とつながってきます。たとえばクライニアンが入ってくることで、かなり系統的な理論ができてくる。ということは、逆にいうと、西洋の精神分析それ自体の機能が、はたしてフロイトそのままで今もいるのかどうかという問題があります。アメリカやイギリスと同様、ヨーロッパでも母親離れが問題になってきているので、西洋が必ずしも父性原理の問題だと、割り切って考えていっていいかということでもあります。

河　合　かつてのアメリカは、父親離れをして独立していくことに重きを置いたのだけれど、今また、母性が問題になっています。私の場合も、西洋のモデルをそのままモデルとして日本に持ってこれないと思う。むしろ、日本人が今からやることは、ある意味では西洋に貢献できると思うのですが。

小此木　そこで僕の場合はモラトリアム人間が登場してくるんだけれども、父性原理で個人主義を確立していると思っていた欧米諸国に、モラトリアム化の傾向が非常に出てて、フロイトのいっている本当の自我人間が、欧米でも確立できなくなっている問題があるわけです。日本の場合はダブルパンチみたいなもので、父性社会に同一化しようとしても、それそのものが崩れてきて、もう一方では母性原理もすでに見失われつつあるという問題があります。悪くすると、無文化的な、無原理的な状況に陥りやすい。

思想史的に、河合さんの難しいとおっしゃるキリスト教とユング派の関係を、もう少しうかがいたいのですが。

河合　キリスト教でも初期のころはいろいろなものを内包してうまくやっていたのだけれども、神学が発達すると、論理的整合性を大事にするようになってくるわけです。たとえば、簡単にいうと、神というのが全能であるとすると、全能者である神は悪を持っていない、その神の創ったものに悪が存在するはずがないわけです、論理的にいえばね。キリスト教の場合は非常に困って、悪は善の欠如態であるというように、論理的に聞けば非常に整合性のある神学が完成して、正統として認められていくわけです。

それはそれで立派なんだけれども、われわれが患者を扱うと、悪は善の欠如態として説明するよりは、むしろ、悪そのものがうごめいているという言い方が、心理的な実態には合うわけです。それでユングは困って、心理的に扱う場合には、悪の存在を考えざるをえないと、しかもその影の統合というように、悪の存在そのものさえ、ポジティヴな意味を持っていると考え出したわけですから、初期のキリスト教、それ以前のグノーシスといった、悪の存在を神学的に肯定する文献を探し出して研究したのです。ユングは、キリスト教で異端といわれることも、心理的には問題にせざるをえないと考える。だから、神学者からものすごい反撃を喰って、神学論争にまで発展するんです。ところが、それを日本に持ってこようとすると、日本では悪なんてあって当たり前のことでしょう。

小此木　その論争というのは、日本人にはあまり縁のないものですよね。

河合　ユングは、昔だったら自分は絶対に火あぶりになっていただろうといっています。それほどの論戦を通して、ユングが論理を組み立てていくのですが。それはある程度、理解できるとしても、追体験は非常に難しい。
われわれの場合は、自分が実際に患者に会って、そこに出てきた問題とか、私自身の内面的体験を筋にしていくのが役目ですね、思想家ではないのだから。そのあたりでユングがいった今のようなことを、どう絡み合わせていくかが問題です。

小此木　まだフロイトがユダヤ人であるということのほうが身近ですね。それも追体験はできないけれども、今の社会で身近な問題がありますから。よくヨーロッパの人の書いているものにはそういうところが出てきて、われわれ日本人はそこで通じるものを失っちゃうというか、日本人から見てつまらないという感じで見てしまいますね。

河合　しかもユングとしてはストレートにいうと危ないので、発言を慎重にしないといけないわけですから、われわれから見れば簡単なことを、長々と述べていかなければならない、それがまた論争に発展してなどという部分は、われわれには読みづらいことです。ただ私がそれに重ね合わせて考えるのは、日本で今、西欧的な自我を確立するのは、ものすごく危ないわけでしょう。それと西洋の悪の問題はパラレルにいくのではないかと思っています。

小此木　それからもう一つは、日本ではうっかりこれをしたら火あぶりになるという表立ったタブーがないでしょう。迫害するものがないから、ますます追体験しにくくなっていますね。

河合　タブーにしても、頭ではわかりますが、日本人には本当はわからないんです。そういうところがユングの膨大《ぼうだい》な著作の、非常に大事なところに存在していて、そこをいう必要があるのか、いうにしてもどういう内的体験として問題点としていくのかということですね。あるいは今、小此木さんがおっしゃったように、西洋人がタブーを犯すことによって感じる恐ろしさがどんなものかとか、そういうことを全部、いっていかなければならないわけでしょう。だから、ものすごく難しいわけです。

小此木　それはまさに、父性的なタブーと日本的なタブーの違いといいますか、そもそも日本には、西洋と同じような意味でのタブーがあるかという問題ですね。

河合　日本には村八分とかはありますが、西洋みたいにスパッと首を切られる迫害とは違うわけです。

小此木　なんとなく皆からひそやかにのけものにされるとかね。それは僕自身も若いころは、フロイディアンであるがゆえにいろいろとありましたし、今もいろいろありますけれど。

河合　それでもけっこう表立ってはニコニコしていて、一番肝心なときには仲間に入れてもらえない、というような。

これに対して西洋では、戒を破ることの罪というのは非常に明確である。しかも片方では悪は存在しないことになるので、説明が非常に難しいんですね。ユング研究所の講義では、善の欠如（プリバチオ・ボーニーというんですが）がどうのこうのという講義が延々とあるんです。聞いてもなにかと思ってね。

小此木　そこに宗教学が必要になってくるわけですね。

河　合　神学者からはユングに対する非難があって、それに対する反批判なんかが講義の中で話されるんだけれども、はじめは何を話しているのか、私にはその意味がわからないわけなんです。

小此木　日本では表立って、たとえばマルクス主義者が論争を挑むとか、批判を書くということは、実際にはないですね。日本にいるクリスチャンがやることもないし。

河　合　ただ論争はないんだけれども、なんとなく排除されるということはあるようです。

キリスト教だけでなく、それをヨーロッパ思想史として、そこにおけるユングの位置ということを見ると、非常に面白いわけです。しかし、われわれの臨床体験との結びつきで、そこまで切り込んでいくのは、非常に難しいですね。だから影の統合という言葉が、日本人に対して持つ意味と西洋人に対して持つ意味と、ずいぶん違いますね。西洋人にはものすごいショックなんですが、日本人にはむしろ当然と感じられる。日本は翳《かげ》りの文化でしょう。

小此木　それはちょうどさっきの話とつながるんだけれども、日本人には頑《かたく》なな否認とか頑なな抑圧とか、その頑なというところがないですね。

河　合　ないですね。それは彼らのエゴの頑なさというようなものを前提にして、いろんな問題が起こるわけでしょう。その頑ななエゴを完全に裏づけるものとしての強力な宗教を必要とする。日本人はそのあたりがすべて曖昧《あいまい》になってしまうんですね。

　もうちょっといいますと、キリスト教の場合は身体とか悪とか母とかいうのがだんだん一つのものになって、そういうものが未分化のままで全部、否定されていくというわけです。それをもう一度取り上げようとして、肯定的な母親像であるマリアを重要視する。カソリックの場合は、相当受け入れているというふうに考えられます。ところがプロテスタントの人の夢の分析をすると、そういう肉とか悪とか女というのが未分化のままのイメージが、ものすごく出てくるわけです。だからユングは、どうしてもそれを統合しなくちゃならないということをいい出したわけです。

　それからもう一つ、日本でユングの理解を困難にさせていると思うのは、たとえば、キリスト教のそういう確立した正統的なものに対して、もう一度、身体の中に宿る精神性というべきものを復活しようとして、たとえばルネサンスなんかが出てくるわけでしょう。その後から出てきたものを日本に輸入したわけだから、それだけで西洋を見る人は、西洋人というのは、ものすごく肉体とかセックスを大事にすると思っているわけです。そういうイメージを持っている人がユングの話を聞くと、また、わからなくなってしまうわけです。

そういう西洋精神史の流れを、全体的に調べていかなくてはわからないところがある。しかし、一方ではそんなことをいって、日本人にどれだけ意味があるかということと……。

小此木　日本は本当に輸入文化だから、歴史の流れの中からポッと一部分だけを取り上げて日本に持ってくる。そういう現実の流れを抜きにして、知識というのかな、観念だけを取って、それを自分流に解釈して、わかったふうにして説明に使っちゃうというのは、もう、宿命的なものですね。すべての中の共鳴できる部分だけを取り入れて日本化してしまうという。

河合　日本は相当すべてのことが近代化しつつあるでしょう。だから今までの、いわば上澄みすくいの方法をやめて、もう一歩深みに入らなければいけない時期に来つつあるのではないかと思っているんですけどね。

小此木　やはり、今度のこういう対談に出てくるような段階に、ようやくなったということですかね。

河合　そうですね。ただ単にフロイトやユングの表層的なことをちょっと知っているんじゃなくて、もう一つ掘り下げてみなければならない、それとわれわれの実際の生きていくこととか、日本人としてのアイデンティティとかを、ぶつけあってみないとダメだという時期に今、来ているんじゃないかと思います。

小此木　僕がこの間イスラエルに行ったとき、イスラエルの人たちに、あなたはクリスチャンじゃないのに、なぜキリストの死んだゴルゴタの丘跡の聖墳墓教会《せいふんぼきょうかい》へ行くのか、聖地であるベツレヘムになぜ行くのかと不思議そうにいわれました。彼らにはわからないらしいですね。彼らにとってそこは信仰の場所であって、観光の場所ではない。また、日本にもクリスチャンがいるというと、今度は日本人がキリスト教を信仰するということが、また、考えられない。こっちから見ると非常に頑固だけれども、向こうから見ると、こっちがあまりにも軽々しいということになるんでしょうね。

本当に猫の額のような狭い隣り合わせのところにキリスト教とイスラームとユダヤ教の総本山が並んでいるんだけれども、まったく隣同士、没交渉というか、だからあそこのアイデンティティというのはものすごく先鋭ですね。

河合　その点、日本人は強力なアイデンティティを必要としないわけです。無意識のままで完全に生きていけるわけで、外国へ行って、なにかのときに衝撃を感ずるわけでしょう。だから日本人のそういうアイデンティティのなさというのが、無節操とかアニマルとか、そういうふうに見えるんじゃないでしょうかね、外国人から見れば。ところが日本人自身は、世界の中でそんなに特殊なことをやっている自覚がなくて、そうすることが近代的で、ヨーロッパ人の真似をしていると各人が思っているから、不思議なんですよね。

さっき、日本人には外国人ほどものすごい妄想がないといったんですけれども、それと似た感じがするのは、日本人にはヴィジョンというのが少ないですね。向こうの人はヴィジョンを見る力があるでしょう。ユングなんかはすごいヴィジョンを見ていますよね。それも何か、さっきからいっている自我の確立と関係しているように思うんですけれど。自我がはっきり確立した場合には、無意識的なものを一つのヴィジョンとして、あるいは、それが歪んだ場合には妄想として見るというようなところがある。

日本人の自我というのは、むしろ無意識に対して開かれているわけでしょう。そして、曖昧なままで全体性というものがあって、それが日本人の場合には、非常に自然と結びついている、あるいは自然に投影されていますね。だから、日本の禅の坊さんの体験にしても、ヴィジョンとして見るんではなくて、木の葉が一枚落ちたとか、そういうふうなところに行きますね。日本人の場合は外界の自然現象の中にそれを見ているけれども、外国人の場合は、外界ははっきり外界でしょう。

小此木　そうすると自分の投影すべきものを自分で創り出す。

河　合　そういう感じがしますね。

小此木　それと関係するんじゃないかと思うのは、ラカンでもそうですけれども、昨年、ラカン派のドルトという人の『少年ドミニクの場合』というのを翻訳したんですけれども、最後のところで少し辟易したのは、言葉ということをさかんに強調するんです。言葉こそ人間を救うとか、言葉があるから人間だということを。途中で嫌気がさしましてね。どうしてこんなに言葉、言葉、言葉というのか気の毒にもなる。日本人は、言葉、言葉とあまりいわないですね。

河合　ヴィジョンも見たら見たとして、それを言語化して意味を読み取ろうとするわけです。ところが日本人の場合は、そういうのをまったく抜きにしてしまいますね。

小此木　だから日本では、話し合いをしましょうといいますけれども、実は話し合いをするときには、もうその関係は終わりなんですね。話し合いの場を持たなければならなくなったら、今まで以心伝心でやっていたものがこわれてしまったということで。

河合　私は、日本では本当の意味での対話とかディスカッションはないと思いますね。

小此木　だから自分がフロイディアンだからといって、患者さんと言語だけで交流しようと思ってかまえたら、患者さんのほうは非常に異様な体験をすることになりますね。

河合　それが私のいっていた洞察のない治療というか、言語化されないまま以心伝心で治っていくわけでしょう。

小此木　インタヴューなんかの場合でも、われわれは目と目の通い合いとか表情とか、雰囲気の通い合いで治療している面が、非常に大きいと思うんです。その点、外国ではわざわざコミュニケーション理論を研究したり、それを学ばせるのに大変な訓練をする。感受性訓練もそうかもしれないけれども、そういうところが、われわれは全然、違うんじゃないでしょうか。

河合　日本に来た外国人が、日本人には非言語的コミュニケーションが多いのにびっくりして、日本には身体による接触が多いだろうと思うわけです。そして、ある外国人が調査したのですが、予想に反して、日本では身体接触はものすごく少ないでしょう。だから、ますます彼らはわからなくなってしまう。私は、言語じゃないとすぐに身体と思うところが外国人の浅はかなところであると思うけれども。

小此木　そういうものなんでしょうね。言語でもないしボディーでもないというところに、日本特有のコミュニケーション領域がありますよね。ちょっとした視線とか仕草とか。

河合　それと、言語そのものが違うんですよ。言語そのものに含みがものすごく多いでしょう。向こうはむしろ含みを少なくして、明確な言葉を使って組み立てていこうとするわけでしょう。われわれは組み立てではなくて、含みのある言葉をチラチラ出して、重ね合わそうとするわけでしょう。だからそういう点は、もう少し研究する必要があるでしょうね。

4　精神分析学的日本人論

小此木　モラトリアム人間に関して僕が困っていることは、これがたとえばさっきの阿闍世コンプレックスの問題というと、われわれの非常に本質的な問題なんですが、モラトリアム人間というと、弁解がましくて無責任だけれども、僕個人にとっては、学問的に見るとかなり派生的な現象なんです。やはり、学問的な問題ということになると、モラトリアム人間の前提にはアイデンティティというものがむしろあって、それがもっと基本的な問題ですね。

それからもう一つは、僕自身としては日本人論を書こうという気は全然ないんです。モラトリアム人間ということを書いたときに、日本人という言葉は一度も出てこないと思うんだけれども、むしろ、現代社会論を、つまり先進各国に共通した、一つのモラトリアム状況における人間の問題を書くつもりだったんです。

もちろん、日本の国はモラトリアム国家だとかいうことも書きましたが、基本的には西ドイツやアメリカだってモラトリアム的な状況が、最近は一般的に起こっていると、それが日本にも起こっているんだということで、むしろ、比較文化論的なことよりも、時代論的なことが大きいんです。扱われている素材は、かなり、現代日本の現代社会論風になっているけれども。ところが受け取った方々は、どっちかというと日本人論的に受け取った方が多いので、僕としては、それはむしろ二次的な結果という意識が強いんです。

河合　ケニストンというアメリカで青年のことをいろいろ書いている人ですが、この人も面白いんです。やはり、精神分析をやっている人ですが、学生の面接やなんかを基にして書いているんです。そのケニストンが、今までアドレッセンス（思春期）という概念はあったけれども、それに加えて、ユース（青年）という概念を一つ入れていいんじゃないかといってるんですね。というのは、今まで青年の概念としては、子供から大人になるときに、いわゆるシュトルム・ウント・ドラング（疾風怒濤《しっぷうどとう》）の時代があって大人になるといわれていたけれども、現在は、もう一つ若者の時代がある。というのは、判断力とか思索力というのは大人とまったく同じだけの力を持っているんだけれども、アダルトにはならないし、なれない時期というのが必要なんだと、そういう時期を、先進国ではもう、認めていいんじゃないかといってるんです。そういう考え方と似ていますね。

要するに、単純に青年という考え方をした場合は、むちゃくちゃなことをして大人になるという図式があったんだけれども、そうじゃなくて、むしろ、鋭い感覚とか思索力を持っているがゆえに、単純に大人に同化していかない。また、社会なり文化というものについてあれこれ考え続けるし、いちおうアンチテーゼになるものを考え出して、非常に鋭敏に作用し続けるという在り方も持っている。とすると、これはモラトリアム人間のポジティヴな面といっていいんじゃないかと思うんですけれども、非常に似てます。小此木さんのモラトリアム人間論も、たしかに日本人論に結びつきやすい面もあったわけですけれども、いろいろな面を持っているなかで、受け止める人の姿勢によって、ある論文から自分に都合のよい面だけを見るという傾向があるんですね。

小此木　僕としては、かなりシステマティックに、いろんな面を書いたつもりなんですけれども、読んだほうの反響というのは、ほとんどそのどこかの一面を強調しているんです。中年の世代ですと、最近の青年はけしからん、よく書いてくれたという受け取り方をするし、学生運動あがりの人の中には、むしろ学生運動以降のことを、いちおう弁護するように書いてくれたというふうに読む人もいるし、その両面があると思うんです。

一番いいたいことは、現象としていろいろ困ることがあるからといって、その原因をつぶしてよいということにはならない。今の先進各国に共通しているモラトリアム的な状況というのは、ある種の平和な社会の産物なんで、だからまた、戦時体制に戻ったほうがよいということにはならないということを踏まえたうえで、今の一種のネガティヴなものをどう処理していったらよいかという姿勢なんですけれども。
それと、もう一つあるのは、今、河合さんがおっしゃった若者文化というのが、戦後の一つの大きな特徴だと思うんですね。それが、あらゆる世代に対して影響を持ってきている。だから「子供社会」というか、土居先生の『甘えの構造』の中にも「子供時代」というのが出てくるんですが、そういうことに対しては、かなり共通したとらえ方をしていると思うんですけれども。

河合　私はむしろ日本人論と結びつける書き方で「永遠の少年」といったわけですけれども、そういうことも非常に似てくると思います。たしかに「永遠の少年」というのも、プラスの面とマイナスの面を持っているわけですけれども、私が日本人論的なものと結びつけていった場合には、むしろネガティヴなものを強調したわけですね。なかなか大人になれないとか……。
モラトリアム人間論の場合には、モラトリアムのよい面というか、ポジティヴな面がちゃんと書いてあるでしょう。最近、人文科学研究所の価値意識研究会という、河《か》野《わの》健二《けんじ》先生とか作田《さくた》啓一《けいいち》先生とかが入っておられる研究会に呼ばれていくと、モラトリアム人間のことがそこで話題になっていまして、私の母性原理の問題もあって、父性、母性とモラトリアムをくっつけて、父性原理のモラトリアム的なもの、母性原理のモラトリアム的なものと、四分割して考えたほうが面白いんじゃないかということをいわれたのですが、だいぶ皆と考えていたんですが、うまくまとまらないで終わってしまいました。

小此木　僕の書き方の中でも、今の指摘で気がついたんですが、たしかにモラトリアム人間を批判的に書いている部分がありますね。エリクソンのアイデンティティ論に準拠して書いているでしょう。父性社会原理から現代社会を見て書いていますね。そして後半で母性原理にのっとって、日本においてモラトリアムということは意義があるんだということを書いている。一つの論文の中でのこの二つの原理の使いわけが、読者には呑みこめない、僕もそれをはっきり書いていないから。

その意味で、母性的モラトリアムと父性的モラトリアムがあるという、今のご指摘は、大変ありがたいと思います。

河　合　西洋のような父性原理の強い国でも、モラトリアムをいわざるをえなくなってきた。それは考えようによっては、西洋はもういっぺん、母性性を問題にせざるをえない、父性性だけでは困っているんであって。

小此木　僕は精神分析を臨床的なものと同時に、思想史というか文化史的に見ると面白いと思っているんですけれども、フロイトはエディプス・コンプレックスを問題にしたけれども、フロイト以後の主題というのは、もっぱら母子関係ですよね。特に、母親に対する依存の問題が主題になってきていて、アメリカでもモラトリアムが問題になってくるのと同じように、父性原理でいかない部分が出てきている、ある意味ではゆとりが出てきたともいえますが。そのあたり、やはり父性原理、母性原理というのは、生活の厳しさ、風土と関係があるのじゃないかと思うんですが。

河合　たとえばイスラエルなんか地図の上からいうと、あれだけの面積があるんだから、パレスチナ人とユダヤ人三百万人くらいの共存は可能だろうと思っても、その面積の中で、実際に暮らせる部分というのは、極めて少ないみたいですね。そこの取り合いだから大変なんです。そういうところで発達してきた父性原理と、日本のように暮らしやすい自然環境がそなわっている国との違いは大きい気がします。

アメリカの場合は、最初はフロンティア精神が大切だった。国土も砂漠に似ていると感じられたわけだから、父性原理でやっていたら、実際はすごく豊かな面が出てきた。それで母性的なものが急激に生じてきた。しかし日本は狭い国土にすごい人口ですから、これで皆が父性原理を強調しますと、共存できないでしょうね。

小此木　そういう意味では、タイとかフィリピンとか日本とか、狭いところに人口が多い国には、共通したアジア性があるのでしょうね。

ところで僕が今日、先生にぜひおうかがいしたいと思ったのは、日本における母性的な父親というのはわかるんですけれども、本当に父性的な父親、グレート・ファザーというのは存在するんでしょうか。

河合　日本にはそのイメージは、ほとんどないんじゃないでしょうか。ただ前にもちょっといったかもしれませんが、父親の持っているファンクション（機能）にはいろいろあって、その中で自信を持っていて非常に強いという父親は明治人の中にもいたかもしれませんけれども、それこそユダヤの神のような、契約というものをあくまでも推し進め、それに造反するものは除外していくというような父親像というのは、日本の文化の中には、私はいないと思いますけどね。

小此木　僕は、日本人が男らしくなるということはどういうことなんだろうと考えたとき、いわゆるモーゼのような父親らしい父親になるということよりも、感情的な荒々しさ、あるいは非常にヒステリックな攻撃を出すとか、そういうものを男らしさと呼ぶ場合が多いような気がするんです、女性のヒステリーみたいな。

河合　だから日本のいわゆる男らしさの中には、女性的な要因が、常に絡み合っているんです。日本では男らしさとして、どんなつらい苦しいことがあっても耐え抜くということがある、戦うんじゃなくてね。

小此木　心理的にいうと、それはますます母性的なものを取り入れた、だから日本の社会で本当にお父さん的だというのは、むしろ相手が背いてもゆるしてやるとか、一人でじっとマゾヒスティックに考えこんでいるとか、それは原理的には母性的なものを消化していくという形をとっている。

河　合　日本の社会は原理としては非常に母性的なんだけれども、それを行っていくための強さというのは男が持っているわけです。つまり、男性的な強さを、母性原理のために行使している。私の考え方によると、全体的に母性原理が強いわけですから、せめて男性の強さを社会的に保護していたのが旧憲法で、だからいわば、心理的には母性原理なんだけれども、社会組織的には男性優位にすることでバランスを取ってきたんじゃないかというふうに思っているわけです。それを誤って取ると、日本は男性の国であるとか、男性が威張っているとかいわれる。

小此木　男性天国とかね。

河　合　外国人でそう思っている人が多いんですね。最近、京大にアメリカの精神分析家のブルーノ・ベッテルハイムさんが客員教授として来ていましたが、日本で行われている治療のケースを出したら、今までアメリカでは、日本は父性の国だと聞いていたけれども、まったく母性の国じゃないか、これはアメリカ人も知らない人が多いと感心していました。特に、治療しているケースなんかみると生々しいですからね。

小此木　日本では、母親に対する息子ですね。

河　合　あるいは、私このごろ思っているんですけれども、日本の男性像としてもう一つあるのは、老賢者としての男性ですね。老賢者というのは、いわばセックス抜きになっていて、中性的な老いたる賢者として存在するので、これがもう一つ面白いのは、女性は出てこないんです。老婆というのはまだ母性を持っている、山姥《やまんば》なんかそうでしょう。だから、老賢者と息子というのは存在するんだけれども、壮年期の男性像というのは、本当に欠けています。

小此木　急に話が落ちるんですけれども、最近、男性のインポが増えている。

河　合　本当ですね。

小此木　それで一つ面白いことがあるんですけれども、むしろ、無理に男らしくなろうとするケースが非常に増えているんです。で、僕は男の人が女の人を愛するというのは、要するに母親になったような気持ちではないかといっているんですけれども、それができない人が、要するに、日本ではインポなんです。

河　合　なるほど、それは面白い。

小此木　これは、今の河合さんのお話を聞いて、非常にはっきりしてくるんですけどね。

河　合　それと、インポが増えているということは、非常に日本人論と関係してくると思うんです。私がもう一つ思ったのは、男性の中の女性イメージが、昔の要するに女性を女として、肉体的な関係をもって成立するという単純なイメージでとらえている人は、別に問題はなかったわけです。それよりも、もう少しロマンチックなイメージが出てくると、どうやって女性と接してよいかわからないわけです。

小此木　もう一つ、日本社会でいったい、支配者が何によって支配しているのかということを考えた場合、権力を表に出して支配するということじゃないと思うんです。むしろ非常に母性的に、逆らっても何をしてもゆるしてしまう。そこで相手にとっては罪悪感が生まれるわけでしょう。その罪悪感を育成しておくと、いうことを聞かないと悪いような気がして、周りが自動的にいうことを聞くようになってくる。そういうことを心得ていて、支配、被支配というのがあるように思うんです。

僕はヤクザ映画が男の世界ということになっているのは、ヤクザというのは母的なものの絆を断ち切ったところで生きてくわけでしょう。いわゆる日本の過激派も、やはり今の若い子の中で、過激派になるというのが一つの男らしいというイメージだと思うんだけれども、そういう男らしさというのは、それはやはり本質的にお母さんから逃げ出すための反抗であって、お父さんと男と男として対決するというような男らしさとはちょっと違いますね。

河合　だから日本の学生運動の裏でも、母と子の問題がずっとモデルとして動いていると思うんです。

小此木　権利を主張するつもりが、悪い子になるためにやっているような、で、また社会の中でだんだん、学生運動のことを過激派という言葉の中で非行少年扱いしていくというような形でね。

河合　小此木さんがいわれたように、日本人の無意識に持っていた母と子の絆を、どうしてもむちゃくちゃにいっぺん、切らなかったら改革はありえないんだと、どっかでわかっているんですね。

小此木　もう一つは、本当の意味で西洋の父性的な思想とか文化が入ってくるときには、危険思想ということで切り捨てられちゃったり、そこで処理されるということが、歴史的にあるでしょうね。

河合　だから、日本人で父性性というものが心のどこかで動き出した人は、危険な人になるんです。この世の中にうまく適応しにくいということになって、日本の対人恐怖の人はそうじゃないかと私は思ってるんです。父性原理を出すと危ないので、それを外界に投影してしまって、人が怖いとかいうんですけれども、要は人間との距離がうまく取れない、つまり、父性原理で人と接したほうがよいのか、母性原理で接したほうがよいのか、どうしてもそれがうまくいかない。対人恐怖というのは日本人に多いですから、文化論と結びついて面白いんじゃないかと思います。

しかし、実際に日本の文化とか社会とかを考えた場合、いったい父性的なものをどの程度取り入れるべきかということは、非常に難しいと思いませんか。

小此木　いわゆるモラトリアム人間の臨床的なモデルを提供してくださっている患者さんというのは、大学を出ても就職しなかったり、今多いのは、学習塾の先生なんかをやっているんです。その人たちは河合さんがいわれているように、非常に人見知りをしたり、アイデンティティを求めていて見つからないというようなことをいうんだけれども、よく聞くと対人恐怖を持つ人が多いですね。父性的なアイデンティティを身につけないと納得がいかないという理念を追っているわけですけれども、しかし、どこへ行っても少なくとも日本では、そういうものを持つような対象はないわけでしょう。結局、現象としては非常に無気力な生活を送っていくことになる。

それでもやはり、モラトリアムという概念自体は、本質的には父性社会の通過儀礼、アイデンティティというようなものから来ていますから、たぶん、アメリカでは一つの時代的な現象論としてモラトリアムという概念が使われると思うんです。日本で、それが文化論的なフレーム・ワークになっているというのは、つまり、日本社会全体が、父性原理からのアイデンティティの獲得といった発達意識がないから、結局、そういうふうになってしまうのではないかと、僕は書いてからの反響で思ったんです。

河合 日本の母性社会が少なくとも父性社会に近づこうとしていることを認めるならば、日本全体は父性社会に対するモラトリアム状況であるともいえる。小此木さんが世界的な、全体的なモラトリアムということを書かれたときに、日本人論的に読んでしまったという秘密は、そこにあるかもしれませんね。だから、どんな人にもピンとくるところがあったと、つまり、完全に日本人として大人になっている人でさえ、どっか

小此木　で自分はモラトリアムであると……。

もう一つは、日本人はヨーロッパ的な個人主義に非常に憧れを持っているんだけれども、それは父性原理というものの関係で成立しているんだという意識はないんじゃないですか。これは民主主義に関しても同様で、われわれが学生のころ、アメリカから民主主義が入ってきたとき、民主主義は自由なんだけれども、それと同時に義務と責任が伴うということを耳にタコができるまで聞かされたんだけれども、やはり今でもその意識は確立していないないですね。

河合　それについて面白いのは、今度はそこに気がついて、今の若い人は自由、自由というけれども、権利や義務も考えなければならないというのならまだわかるんだけれども、「分《ぶん》を心得ろ」という人がある。これはまったく母性社会の考え方で、個人的な意味の権利と義務はどこにもなくて、学生としての身分を心得ることが学生の義務であるということになるわけです。これでは学生が反発するのは当たり前なんです。だから、みんな論争の中で母性性をひっかぶっていながら、しかもモデルは西欧から借りているという自覚がないためのおかしな現象というのが、ものすごく多いんじゃないでしょうか。

小此木　話がちょっと飛ぶかもしれませんけれども、日本の社会では、本来の意味で能力のある人が実績を上げて成果を上げたら、それに見合うだけの評価と報酬を得るという原理を徹底すると、その人の評判は悪くなるでしょう。

河合　そうですね。日本の場合には、極端な言い方をすれば、一番危険なことは創造性《クリエイティビティ》を持っていることなんです。創造性があるということは、全体の平衡状態をこわしますからね。皆さんと同じだということが一番よいことであって、皆さんと同じだが、ほんの少しできる、しかもそれは皆さんのおかげであるというのがよいわけです。

ところがこれは、フィリピンなんかにいくともっとすごいんです。それから見ると、日本はフィリピンなんかに比べると、相当、父性原理が強いと思うんです。たとえばフィリピンではだれかが成功すると、親類の人がいっぱい来て、居候《いそうろう》として置かないといけないんです。そうしないと評判が悪くなる。

小此木　インドネシアに行っている人が、メイドさんを頼んだら、家族がゾロゾロ一緒に来たといってました。

河合　そうです。つまり、メイドさんなんかは、その家族の中で一番よい暮らしをしているんです。だから、家族の人に何かやらないといけない。フィリピンの人から見たら、日本人はアジア人であるのに、どうして父性原理を持っているのかということになるわけです。

小此木　逆にそういう発想、見方も必要ですね。日本と西欧だけを比較するとそうじゃないけれども。

河　合　だから日本というのは、考えてみると非常に特異な国であって、欧米をモデルにしたがるし、したがるだけではなく、なかには同じだと思う人がいるくらいです。そういう人には、日本は母性性の強い国だということを強調するんだけれども、世界的な視野で見ていくと、アジアの中では不思議に父性原理を持っていたと。だから、西洋の文明が入ってきたとき、アジアで日本だけがうまく取り入れることができたんじゃないかと思っているんですがね。

一つの考え方は、いつも父性、母性といって家族をモデルに使っているわけですが、日本の場合は母性原理で動きながら、それをいわゆる親族、家族ではなしに、殿様と家来の中に母性を入れている、つまり、家族の外へ擬似集団をつくったということが、非常にうまくいったんじゃないかと思うんです。フィリピンなんかでは本当に家族集団ですからね。ところが日本は擬似集団ですから、置き換えができたわけです。西洋の技術をとって会社をつくった場合、会社に集まるのは家族ではないわけでしょう。

小此木　（フランシス・）シューがそのことについて触れているのを読みましたけれども。

河　合　シューの意見は、そのモデルを家元制度と呼んでいるんです。いわゆるファミリーではなくて。家元という発想が面白いのは、準契約制度なんですね。入りたければ入るというのは契約制度ですけれども、入ると家族になってしまう。

小此木　擬似的な家族ですね。

河　合　ヒエラルキーに従って、いくら能力があってもなかなか上に上がらないし。

私はこう思うんです。一つの藩なら藩、つまり家元の中に入ってしまうと、家元のために働くというのは自分の個性を主張しないんだから、まったくの母性性でしょう。ところがそのときに、家元のために死ぬことができるというのはすごい強さなんです。あくまでも母性だけであれば、死ななくてもよいわけだし、皆がゆるされるか、あるいは一緒に耐えようとかいうことになるんだけれども、一人で死ぬとか、そういう強さは逆に、男性性だと思うんです。

小此木　それはある種の、契約関係を遂行するための死ですから、忠義を尽くすという場合にはね。

河　合　だから非常に面白いんだけれども、運命的契約関係なんです。つまり、自分がそこに入ったという運命を担ったからには、生命をあげてという、すごい契約をしているわけでしょう。

小此木　日本の男性像というと、ヤクザ映画か時代劇のオサムライの中にありますね。

河　合　そこには、論理的な思考からいけば、死ななくてもよいときに死ぬことが非常に多いでしょう。それが男らしいとされているのは、論理的な思考とか合理的な考え方じゃなくて、運命的な契約に生命をかけるということが、日本人の男らしさだからですね。

だから、すごい男性的な強さを発揮しているんだけれども、それを支える論理は非常に母性的なものを持っている、そのあたりが面白いところです。しかし、それがまったく生《なま》のままの母性的な集団というのではなくて、家元ですから、そこに入るのには選択があるわけでしょう。そしてまた採るほうにしても、現代だったら試験をして採るとか、能力ということも入っているわけです。

小此木　そこで和洋折衷を行っている。

河　合　そういう制度の中で、うまく能力主義を取り込んでいるところがあるわけです。能力が擬似家族構造の中の一つの機能として使われるので、個性は失われるわけです。だから、自分の能力が生かされるようで生かされていない、つまりだれのために働いているかといえば、自分のためではなく組織のために働いている、そこにすごく腹がたってくるわけです。この制度はいうなれば、アジアの中で日本だけが特に近代的なものを取り入れることを成功させた原因なのだけれども、若い人たちはその中で、自分の個性とかアイデンティティということが失われていくということに気がつきだしたわけです。

小此木　今までの話は、どちらかというと日本的なことが主だったんですけれども、少なくとも現実的には、テクノロジーとかいろんな面で西洋的なものは入ってくるだろうし、西洋と東洋をどういうふうにアウフヘーベン（止揚）するかということが……。

河合　ものすごく大きな問題ですね。しかも、西欧の文明そのものが、今、行き詰まっているところがありますからね。われわれは西洋の個人主義というのに非常に魅力を感じているんだけれども、彼らはそこで行き詰まりが来ていて、それに対する青年の反抗というのは、すごくきつかったわけでしょう。だから、西洋の個人主義をモデルにして、それに追いつこうという気はますます起こってこないし、さりとて、東洋がよいということにはならないし。

小此木　だからイギリス病に代表される先進国なんとか病というのは、僕は本質的にはモラトリアム化したところから起こってきていると思うわけです。つまり、今までの父性原理が発動できないのに発動しようとしていたのが、効かなくなってきている。

河合　ヨーロッパでは、母性原理をもう一度見直さなければならないという声が、非常に大きくなっているわけです。

小此木　実は慶応の法学部の加藤久雄《かとうひさお》講師がミュンヘンに留学していて、有名な赤軍のリーダーが自殺したあの監獄へ行って、全部見せてもらったそうです。彼がいうには、西ドイツの監獄内の人権尊重は非常に進んでいるそうですね。彼らの独房はまるで応接間で、どんな物を持ち込んでも自由だそうです。彼らが一つだけ認められないのは、外から自由に覗かれることからプライバシーを守るという点で、これは囚人だから刑務所側が譲らなかったそうですけれども、それ以外のことはすべてオールマイティに認められている。

だから、日本以上に極端なモラトリアム的現象が起こっているわけです。ハイジャックに対しても西ドイツは、ずっと人権尊重論を通していたんです。面白いことに、いよいよそれが通用しなくなると、ああいうふうに極端な父性原理が働く、その波が激しいんですね。モラトリアムにしても、子供を産まない夫婦が増えて、人口が減るとか、そこまで行ってしまうんです。だから、それに対して父性原理だけで対応すると〝歴史は繰り返す〟ことになっちゃうと思うんですよね。そこらあたりがこちらからいうと、もう少し折衷的な、日本的なモラトリアムを輸出しなきゃいけなくなる。

精神分析の歴史からいえば、最近の主題はもっぱら母子関係ですからね、向こうでも。

河合　そして日本の場合はもう少し父性というものを考えるべきだ。少なくともわれわれがいっていたように、父性というものがどれだけ欠如していたかということの認識を持たないと、認識がなさすぎるためのバカげた努力が多すぎると思うんです。

小此木　そういう意味では、先ほどの家元の話ではないけれども、おそらく日本にも歴史的に外国の父性原理がいろんな形でどんどん入ってきて、その大部分が拒絶されているんだけれども、少しずつ取り入れて、母性的な父親とは違った、もう少し男から来た父性というものがあると思うんですけれども、そこらあたりを再発見するということも、一つ、あるでしょうね。

河合　私が今、一つ、思っているのは突飛《とっぴ》なことなんですけれども、さっきもいいましたように、日本は、母性原理を遂行する役割は、男性が果たしてきたわけでしょう。だから、男のほうは非常に訓練されて、小さいときから辛抱しなさいとか、皆と同じことをしなさいとか、笑われてはいけませんとか、母性原理を身につけているわけでしょう。かえって女性のほうが社会的な訓練を受けていないために、生《なま》のままの父性原理をポンと出す、論理的にはそれが正しいといえますから、今の社会でそういうのが突出して出てくるということはあると思うんです。

小此木　朝のテレビ番組に奥さん族が出てきて、消費者運動なんかについて発言しているのを聞くと、われわれ男よりもはるかに合理的な、論理的な話し合いをしているんで、びっくりしますね。

河合　現実に返ったら、女性特有の適応性があるから、ちゃんとヌカミソ臭くなるんでしょうけれどもね。そういう点から見ると、日本の歴史の中で父性原理で動こうとした女性の担い手は、女性だったのではないか、そして、父性原理を身につけて動こうとした女性は、社会に圧殺されて、鬼になったんじゃないかと思ってるんです。だから、般若の歴史を見ると、案外、日本の父性原理の歴史の系譜がその中にあるのではないかと思って、このごろ、鬼の研究をしているんです。

小此木　それは面白いですね。最近、われわれの周辺でも、かなり実権を持った女の人が出てきているでしょう。ところが、そういう女の人の周りが非常に困るのは、自分は依然として男に従っている女のつもりでいるんだけれども、実際はさっきのテレビの中でやっているようなタテマエ論的な合理主義を持ち込むわけです。ある種の正論を吐いたり、妙に契約関係を重んじたりする。すると、男の権力者に比べてはるかに権力的な存在になってしまう。

河　合　本当にそのとおりです。だから、非常に洗練されていない父性、生《なま》の父性を一番持っているのは現代の日本の女性でしょう。それはしかし、社会の改革とか変革という点から見ると、非常に面白いなあと思っているんですけれども。

小此木　僕は、たとえば『甘えの構造』の広告文を読むと、登校拒否も家庭内暴力もなにもかも、全部これは甘えがいかんと書いてあるんです。それで、日本人が甘え論を読んだ場合、非常にマゾヒスティックに読んでいる、つまり、日本のお母さんは悪い、甘えも悪い、そういう見方で本屋さんは売り、皆もそう受け取っている。

一方、われわれの流れはどっちかというと母性原理を認識し、かつ肯定的にとらえているわけですけれども、日本の若い人一般の意識としては、母親的、甘え的なものを否定しようとしている。そこからいろいろな問題が起こってくることが多いと思います。

河合　おっしゃるとおりで、母性に対する認識の深さというものをまったく欠いたままで、パッと否定するでしょう。だから、その歪みが非常に大きく出ているように思いますね。われわれはたしかに母性のネガティヴな面もいっていますが、それはポジティヴな面も両方含めていっているわけでしょう。単純な母性の否定というのは、非常に危険ですね。

関連人物解説

メダルト・ボス（Medard Boss　一九〇三～一九九〇）

スイスの精神科医、精神分析医。ビンスワンガーと並んで精神医学的現存在分析を提唱。ハイデガーの現存在分析論の諸概念を援用しながら、フロイトの精神分析を再検討して独自の治療論を展開した。

主著『性的倒錯』（村上仁・吉田和夫訳、みすず書房、一九五七年）、『夢―その現存在分析』（三好郁男・笠原嘉・藤縄昭訳、みすず書房、一九七〇年）、『東洋の英知と西欧の心理療法』（霜山徳爾・大野美津子訳、みすず書房、一九七二年）、『精神分析と現存在分析論』（三好郁男・笠原嘉訳、みすず書房、一九六二年）、『心身医学入門』（三好郁男訳、みすず書房、一九六六年）

ヴィルヘルム・ライヒ（Wilhelm Reich　一八九七～一九五七）

オーストリアにユダヤ人として生まれる。性格分析の技法と理論を確立し、フロイトの精神分析から現代精神分析（自我心理学、新フロイト派）への転回を方向づけた。同時に、マルクス主義と精神分析の統合を試みて、革新的な性の解放論を唱えた。

主著『オルガスムの機能』（渡辺武達訳、太平出版社、一九七三年）、『階級意識とは何か』（久野収訳、三一書房、一九七四年）、『きけ小人物よ！』（片桐ユズル訳、太平出版社、一九七〇年）、『衝動的性格』(片岡啓治訳、イザラ書房、一九七三年)、『性格分析』(小此木啓吾訳、岩崎学術出版社、一九六六年)、『性道徳の出現』(片岡啓治訳、太平出版社、一九七六年)、『性と文化の革命』(中尾ハジメ訳、勁草書房、一九六九年)、『青年の性的闘争』(山崎カヲル訳、イザラ書房、一九七二年)、『弁証法的唯物論と精神分析』(片岡啓治訳、太平出版社、一九七二年)、『ファシズムの大衆心理』(平田武靖訳、せりか書房、一九七〇年)

エリク・エリクソン (Erik Homburger Erikson 一九〇二〜一九九四)

西ドイツのフランクフルト・アム・マインにユダヤ系デンマーク人の子として生まれる。現代精神分析、特にその自我心理学の代表的理論家。彼の提出した同一性または自我同一性理論は、単なる精神分析理論にとどまらず、広く現代の精神医学、心理学その他の社会科学、人間科学の領域に多大な影響を与えた。

主著『アイデンティティ』(岩瀬庸理訳、金沢文庫、一九七三年)、『ガンディーの真理』(星野美賀子訳、みすず書房、一九七三、一九七四年)、『自我同一性』(小此木啓吾訳編、誠信書房、一九七三年)、『自我の冒険』(栗林彬監訳、金沢文庫、一九七三年)、『青年ルター』(大沼隆訳、教文館、一九七四年)、『洞察と責任』(鑪幹八郎編、誠信書房、一九七一年)、『幼児期と社会』(仁科弥生訳、みすず書房、一九七七年)、『青年の挑戦』(栗林彬監訳、北望社、一九七一年)

メラニイ・クライン (Melanie Klein 一八八二〜一九六〇)

オーストリアのウィーンに生まれた女性精神分析家。児童の精神分析療法における業績も名高いが、その臨床を通して発展させた彼女の精神分析理論は、後にいわゆるクライン学派（英国学派ともいう）を生むに至り、精神分析学界に重要な影響を及ぼしている。

主著『羨望と感謝』（松本善男訳、みすず書房、一九七五年）

ルートヴィヒ・ビンスワンガー（Ludwig Binswanger　一八八一～一九六六）

スイスの精神医学者で、現存在分析の創始者として知られる。初め、歴史的に展開する主体としての人間を現象学的に把握しようとする努力を続けたが、ハイデガーの台頭もあって、その影響を受け、一九三〇年以降は、ハイデガーの現存在分析論に立脚した人間存在への接近が試みられた。その成果はドイツ語圏の精神分析に多くの影響を与えている。

主著『現象学的人間学』（荻野恒一・木村敏・宮本忠雄訳、みすず書房、一九六七年）、『フロイトへの道』（竹内直治・竹内光子訳、岩崎学術出版社、一九六九年）、『精神分裂病』Ⅰ、Ⅱ（新海安彦・宮本忠雄・木村敏訳、みすず書房、一九六〇、一九六一年）、『うつ病と躁病』（山本巌夫・森山公夫・宇野昌人訳、みすず書房、一九七二年）

ジャック・ラカン（Jacques Lacan　一九〇一～一九八一）

フランスの精神分析学者。いわゆる「パリ・フロイト学派」の創設者、指導者として、臨床と理論のうえで、弟子たちを育て、一九五〇年代ごろからは精神分析学、さらには犯罪学、言語学、文学、哲学へと広範囲にわたる執筆活動を行い、フランスの思想界における特異な存在として知られるようになった。

主著『エクリ』(宮本忠雄・竹内迪也・高橋徹・佐々木孝次訳、弘文堂、一九七二年)

ルー・アンドレアス・ザロメ (Lou Andreas-Salomé　一八六一〜一九三七)

ロシアのペテルスブルクにユダヤ人の娘として生まれる。現代ドイツ文学史上特異な地歩を占めている女流著作家。晩年のフロイトの良き理解者として、温かい友情を保ち続け、フロイトのいくつかの精神分析理論上の着想に影響を与えた。

主著『女であること』(小林栄三郎訳、以文社、一九七四年)、『神をめぐる闘い』(小林真訳、以文社、一九七四年)、『ニーチェ』(原佑訳、以文社、一九七四年)、『フロイトへの感謝』(塚越敏・小林真訳、以文社、一九七六年)、『ライナー・マリア・リルケ』(塚越敏・伊藤行雄訳、以文社、一九七三年)

ロナルド・レイン (Ronald David Laing　一九二七〜一九八九)

イギリスの精神科医、精神分析医。従来の純粋に医学的見地に立った「狂気」の見方を否定し、現代の社会的・政治的文脈の中で狂気と正気の関係を考えるべきだとする、いわゆる「反精神医学」の代表的論客。

主著『狂気と家族』(笠原嘉・辻和子訳、みすず書房、一九七二年)、『経験の政治学』(笠原嘉・塚本嘉寿訳、みすず書房、一九七三年)、『自己と他者』(笠原嘉・志貴春彦訳、みすず書房、一九七五年)、『ひき裂かれた自己』(阪本健二・志貴春彦・笠原嘉訳、みすず書房、一九七一年)、『結ぼれ』(村上光彦訳、みすず書房、一九七三年)、『理性と暴力』(足立和浩訳、番町書房、一九七三年)

アンナ・フロイト（Anna Freud　一八九五～一九八二）

フロイトの末娘。児童分析の創立者であり、現代精神分析の代表的指導者。父フロイトの創始した成人の精神分析療法の児童への適用を試み、児童心理の特殊性への治療者の順応、遊戯療法の導入、父母の協力の必要などを説いた。

主著『自我と防衛』（外林大作訳、誠信書房、一九五八年）、『児童分析』（北見芳雄、佐藤紀子訳、誠信書房、一九六一年）

ウィルヘルム・フリース（Wilhelm Fliess　一八五八～一九二八）

一八八七年から一九〇二年にかけて、フロイトと親密な交流を持ち、フロイトの自己分析を助け、ひいては精神分析の創始にさまざまな影響を及ぼしたベルリンの耳鼻科医。フロイトはフリースとの自己分析を通して、自分自身の父に対するエディプス・コンプレックスを自覚したという。

フェレンツィ・シャーンドル（Ferenczi Sándor　一八七三～一九三三）

フロイトに直接師事した精神分析の先駆者の一人。ハンガリーのブダペストに近いミスクルク市に生まれた。一九二〇年から三〇年代にかけて、オットー・ランク、ライヒらとともに、フロイトに対する「恐るべき子供たち」と呼ばれたように、フロイトの精神分析に対してつぎつぎに革新的な着想を提出し、現代精神分析に多大な影響を残している。

古沢平作（こざわ・へいさく　一八九七〜一九六八）

わが国における臨床的精神分析の基礎をつくった精神分析学者。神奈川県厚木に生まれ、東北大学医学部を卒業後、一九三二年から一九三三年までウィーン精神分析研究所に留学する。『罪悪意識の二種』なる独語の論文をフロイトに提出する。阿闍世コンプレックスの理論を唱える。長年にわたり、わが国の精神科医、心理学者らの教育分析に従事し、今日のわが国の精神分析、力動精神医学、心身医学の基礎をつくることに献身した。

（本解説作成にあたっては『精神医学事典』弘文堂を参照した）

対話者あとがき

フロイトとユングについて、小此木啓吾氏との対話を通じて、その考えを明らかにしようとする試みをもって、本書が出版されたのは、既に十年ほど以前のことである。

その後、深層心理学に関心をもつ人が増加し、本書を読みたいと思う人も増えてきたが、元の出版社の事情もあって入手がままならない状況にあった。それが、今回、あらたにレグルス文庫のなかの一冊として収められることになり、まことにありがたいことと感謝し、また、嬉しく思っている。

今回の出版にあたり、読みかえしてみたが、小此木氏とともにながながと熱をこめて話し合った当時のことが思い出されて、なつかしく感じた。これを機縁として、その後も小此木氏とは直接、間接に「対話」を続けてきて、それによって得るところが多く、われわれの考えもこの十年間で変化、発展してきているところがあることを感じさせられる。

しかし、フロイトとユングについて、まず基本的なことから知ろうとするうえで、本書は現在においてもまだまだ役に立つところがあると判断したので、レグルス文庫の出版に同意したのである。これを機会に、本書がひろく読まれることになるのは、ありがたいことと思っている。

深層心理学は知的な理解のみでは十分ではない。人間全体としてのかかわりが、真の理解のためには必要となってくる。そのような意味で、本書もわれわれの個人的な体験からはじまって、フロイトやユングの人となりに及びつつ論を展開していったことは、今から考えてもいいアイデアであったと思っている。

一般の形の整った入門書に比して、はるかに親しみやすい感じをもちながら、深層心理学の世界にはいってゆけるのではなかろうか。

小此木氏も私も心理療法という極めて実際的なことに関心をもちながら、けっこう知的好奇心も強いので、そんなことに別にこだわらなくとも、と一般の人なら思われるようなことにも細部にわたって論じているようなところもある。

しかし、対話という形式なので、読者の方も適当に好奇心をそそられながら、読みとおせるのではないかと思う。この対談をヒントとして、読者は深層心理学のなかの問題点をひろいあげ、自らの思索を深めてゆかれることだろう。

私自身も今読みかえしてみて、「あっ、小此木さんが十年前に既にこんなことを言ってたのか」と驚かされるようなところもあった。対談している本人も、完全にはその意味をくみとれていないようなこともあるものだ。

本書のレグルス文庫としての出版に関しては、第三文明社編集部の佐々木利明さんの熱意によるところが大きい。ここに記してお礼申しあげる。

一九八九年七月

河合隼雄

KODANSHA

本書の原本は、一九七八年十一月、思索社より刊行され、一九八九年八月、第三文明社よりレグルス文庫として再度刊行されました。本書の中には「精神分裂病」「分裂病」という呼称が用いられています。これは現在では「統合失調症」と呼ぶべき表現ですが、著者が故人であること、また本書の元となった対談が行われた時代背景等を勘案し、原本のままとしています。

小此木啓吾（おこのぎ　けいご）

1930～2003。慶應義塾大学医学部卒業。慶應義塾大学環境情報学部教授，東京国際大学人間社会学部教授，日本精神分析学会会長を務める。専門は精神医学，精神分析学。

河合隼雄（かわい　はやお）

1928～2007。京都大学理学部数学科卒業。京都大学名誉教授，国際日本文化研究センター所長，文化庁長官を務める。文化功労者。専門は臨床心理学，心理療法，日本文化論。

講談社学術文庫

定価はカバーに表示してあります。

フロイトとユング

小此木啓吾《おこのぎけいご》・河合隼雄《かわいはやお》

2013年12月10日　第1刷発行
2024年4月15日　第7刷発行

発行者　森田浩章
発行所　株式会社講談社
東京都文京区音羽 2-12-21 〒112-8001
電話　編集（03）5395-3512
販売（03）5395-5817
業務（03）5395-3615
装　幀　蟹江征治
印　刷　株式会社広済堂ネクスト
製　本　株式会社国宝社
本文データ制作　講談社デジタル製作

ISBN978-4-06-292207-4

「講談社学術文庫」の刊行に当たって

これは、学術をポケットに入れることをモットーとして生まれた文庫である。学術は少年の心を養い、成年の心を満たす。その学術がポケットにはいる形で、万人のものになることは、生涯教育をうたう現代の理想である。

こうした考え方は、学術を巨大な城のように見る世間の常識に反するかもしれない。また、一部の人たちからは、学術の権威をおとすものと非難されるかもしれない。しかし、それはいずれも学術の新しい在り方を解しないものといわざるをえない。

学術は、まず魔術への挑戦から始まった。やがて、いわゆる常識をつぎつぎに改めていった。学術の権威は、幾百年、幾千年にわたる、苦しい戦いの成果である。こうしてきずきあげられた城が、一見して近づきがたいものにうつるのは、そのためである。しかし、学術の権威を、その形の上だけで判断してはならない。その生成のあとをかえりみれば、その根は常に人々の生活の中にあった。学術が大きな力たりうるのはそのためであって、生活をはなれた学術は、どこにもない。

開かれた社会といわれる現代にとって、これはまったく自明である。生活と学術との間に、もし距離があるとすれば、何をおいてもこれを埋めねばならない。もしこの距離が形の上の迷信からきているとすれば、その迷信をうち破らねばならぬ。

学術文庫は、内外の迷信を打破し、学術のために新しい天地をひらく意図をもって生まれた。文庫という小さい形と、学術という壮大な城とが、完全に両立するためには、なおいくらかの時を必要とするであろう。しかし、学術をポケットにした社会が、人間の生活にとってより豊かな社会であることは、たしかである。そうした社会の実現のために、文庫の世界に新しいジャンルを加えることができれば幸いである。

一九七六年六月　　　　野間省一

金谷　治著
老子　無知無欲のすすめ
無知無欲をすすめる中国古典の代表作『老子』。無為自然を尊ぶ老子は、人間が作りあげた文化や文明に懐疑を抱き、鋭く批判する。「文化とは何か」というその本質を探り、自然思想を説く老子を論じた意欲作。
1278

浅野裕一著
孫子
人間界の洞察の書『孫子』を最古史料で精読。春秋時代末期に書かれ、兵法の書、人間への鋭い洞察の書として名高い『孫子』を新発見の前漢末の竹簡文をもとに解読。組織の統率法や人間心理の綾など詳細に説く。
1283

鷲田清一著
現象学の視線　分散する理性
生とは、経験とは、現象学的思考とは何か。〈経験〉を運動として捉えたフッサール、変換として捉えたメルロ＝ポンティ。現代思想の出発点となった現象学の核心を読み解き、新たなる可能性をも展望した好著。
1302

廣川洋一著
ソクラテス以前の哲学者
ヘシオドス、タレス、ヘラクレイトス……。ソクラテス以前の哲学は、さまざまな哲学者の個性的な思想に彩られていた。今日に伝わる「断片」の真正の言葉のうちに、多彩な哲学思想の真実の姿を明らかにする。
1306

上山安敏《うえやまやすとし》著
魔女とキリスト教　ヨーロッパ学再考
魔女の歴史を通じてさぐる西洋精神史の底流。魔女像の変遷、異端審問、魔女狩りと魔女裁判、ルネサンス魔術、ナチスの魔女観……。キリスト教との関わりを軸に、興味深い魔女の歴史を通観した画期的な魔女論。
1311

プラトン著／三嶋輝夫・田中享英訳
ソクラテスの弁明・クリトン
プラトンの初期秀作二篇、待望の新訳登場。死を恐れず正義を貫いたソクラテスの法廷、獄中での最後の言説。近年の研究動向にもふれた充実した解説を付し、参考にクセノフォン『ソクラテスの弁明』訳を併載。
1316

哲学・思想・心理

高田珠樹著
ハイデガー 存在の歴史
現代の思想を決定づけた『存在と時間』はどこへ向けて構想されたか。存在論の歴史を解体・破壊し、根源的な存在の経験を取り戻すべく、「在る」ことを探究したハイデガー。その思想の生成過程と精髄に迫る。
2261

ヴィクトール・E・フランクル著／中村友太郎訳（解説・諸富祥彦）
生きがい喪失の悩み
どの時代にもそれなりの神経症があり、またそれなりの精神療法を必要としている——。世界的ベストセラー『夜と霧』で知られる精神科医が看破した現代人の病理。底知れない無意味感＝実存的真空の正体とは？
2262

木田　元著
マッハとニーチェ 世紀転換期思想史
十九世紀の物理学者マッハと古典文献学者ニーチェ。接点のない二人は同時期同じような世界像を持っていた。ニーチェの「遠近法的展望」とマッハの「現象」の世界とほぼ重なる。二十世紀思想の源泉を探る快著。
2266

鷲田清一著
〈弱さ〉のちから ホスピタブルな光景
「そこに居てくれること」で救われるのは誰か？　看護、ダンスセラピー、グループホーム、小学校。ケアする側とされる側に起こる反転の意味を現場に追い、ケア関係の本質に迫る、臨床哲学の刺戟的なこころみ。
2267

コーラ・ダイアモンド編／大谷　弘・古田徹也訳
ウィトゲンシュタインの講義　数学の基礎篇 ケンブリッジ1939年
後期ウィトゲンシュタインの記念碑的著作『哲学探究』に至るまでの思考が展開された伝説の講義の記録。数を数えるとは。矛盾律とは。数学基礎論についての議論が言語、規則、命題等の彼の哲学の核心と響き合う。
2276

中島義道著
差別感情の哲学
差別とはいかなる人間的事態なのか。他者への否定的感情、その裏返しとしての自分への肯定的感情、そして「誠実性」の危うさの解明により見えてくる差別感情の本質。人間の「思考の怠惰」を哲学的に追究する。
2282

《講談社学術文庫　既刊より》